高等职业学校劳动教育教程

河北省职业技术教育研究所 组编

高文红 郭丽萍 靳慧龙 主编

河北大学出版社

·保定·

GAODENG ZHIYE XUEXIAO LAODONG JIAOYU JIAOCHENG

高等职业学校劳动教育教程

出 版 人：朱文富

责任编辑：王殊宁

装帧设计：张彦琪

责任校对：杜启昌

责任印制：常 凯

图书在版编目（CIP）数据

高等职业学校劳动教育教程 / 高文红，郭丽萍，靳慧龙主编．-- 保定 ：河北大学出版社，2021.9（2022.9 重印）

ISBN 978-7-5666-1916-7

Ⅰ．①高… Ⅱ．①高… ②郭… ③靳… Ⅲ．①劳动教育－高等职业教育－教材 Ⅳ．① G40-015

中国版本图书馆 CIP 数据核字 (2021) 第 180129 号

出版发行：河北大学出版社

地址：河北省保定市七一东路 2666 号 邮编：071000

电话：0312-5073033 0312-5073029

邮箱：hbdxcbs818@163.com 网址：www.hbdxcbs.com

经 销：全国新华书店

印 刷：河北新华第一印刷有限责任公司

幅面尺寸：185 mm × 260 mm

印 张：11.25

字 数：220 千字

版 次：2021 年 9 月第 1 版

印 次：2022 年 9 月第 2 次印刷

书 号：ISBN 978-7-5666-1916-7

定 价：39.00 元

如发现印装质量问题，影响阅读，请与本社联系。

电话：0312-5073023

《高等职业学校劳动教育教程》

编写委员会

主　　任　李鹏丽

副 主 任　王振鹏　任利民　王会民

编　　委　王彦勇　华梅志　李　裕　薛　刚
　　　　　　张　杰　孔海珍　曹志国　李俊勇

主　　编　高文红　郭丽萍　靳慧龙

副 主 编　袁红云　刘宏印

编写人员　冯文婷　烟玉华　史平臣　董锋利
　　　　　　侯贵宾　颜　冬　辛潇静

前 言

习近平总书记强调，“要在学生中弘扬劳动精神，教育引导学生崇尚劳动、尊重劳动，懂得劳动最光荣、劳动最崇高、劳动最伟大、劳动最美丽的道理，长大后能够辛勤劳动、诚实劳动、创造性劳动”。2020年中共中央、国务院《关于全面加强新时代大中小劳动教育的意见》和教育部《大中小学劳动教育指导纲要（试行）》的相继发布，让劳动教育再次走进教育者的视野，引起各级各类学校的重视；同时各级各类学校开始针对劳动教育怎么搞、搞什么展开了不同层次的研究。本书就是在这个大背景下应运而生。邯郸科技职业学院联合相关高职学校的专家，立项开展“高等职业学校劳动教育研究”，在研究基础上编纂《高等职业学校劳动教育教程》。

《高等职业学校劳动教育教程》的编写，是一次推进高职学校劳动教育的有益尝试。本书定位于高职学校的劳动教育教学指导，编写中力求构思新颖、内容丰富、结构完整、特色突出，较为系统地阐述高职学生劳动教育的价值意义、理论基础、存在的问题和实施路径，结构化呈现近年来职业院校学生劳动教育教学改革的研究成果。

《高等职业学校劳动教育教程》共分六章，从劳动、劳动教育的内涵出发，简要介绍高等职业学校劳动教育的概念、发展、类型、规律与特点，并就高等职业学校劳动教育的理论基础进行阐述，包括哲学、社会学、经济学、教育学、心理学、行为学、法律等理论与劳动教育的关系。在此基础上，分别从生活、校园、生产、专业四个方面，对高等职业学校劳动教育的项目实施方案进行开发，以劳动观念、劳动训练、劳动素养为主线，通过典型性、可实施性的劳动教育实践项目，为高等职业学校开展劳动教育提供必要的理论依据和实践指导。编纂过程中力求深入浅出、通俗易懂，便于组织教学，体现知识技能的科学性、实用性以及内容的专业性等特点，是高等职业学校劳动教育的通用教材，也可作为同年龄段人的参考书，还可作为职业教育相关领域研究者和管理人员用书。

由于经验不足、学养有限，对高等职业学校劳动教育的把握和深入研究还远远不够，疏漏错讹在所难免，恳请广大读者批评指正。

编　者

2021 年 6 月 10 日

目 录

第一章 绪 论

第一节 劳动教育

劳动是中华民族千百年来的传统美德，对勤劳行为的倡导和赞美也是中国传统文化的重要组成部分。先秦的《击壤歌》就对古代劳动人民辛勤劳动的生活给予了歌颂："日出而作，日入而息。凿井而饮，耕田而食。帝力于我何有哉!"而对于劳动教育，更是从小抓起，李绅的《悯农二首》"春种一粒粟，秋收万颗子。四海无闲田，农夫犹饿死。锄禾日当午，汗滴禾下土。谁知盘中餐，粒粒皆辛苦"，就是教育儿童要懂得劳动才能获得生存的食物，艰辛的劳动付出换来的粮食来之不易，应该珍惜劳动成果。清朝朱柏庐《朱子家训》中"一粥一饭，当思来处不易；半丝半缕，恒念物力维艰"，也反映了要教育子女珍惜劳动成果、感恩劳动。中国的许多词语，如"勤劳致富""爱岗敬业""自食其力""多劳多得""不劳无获"等，都是我们传承的劳动价值观。

一、劳动

（一）劳动的含义

"劳动"一词在我国古代一般用"劳""作"来代替，如《孟子・告子下》的"劳其筋骨"，《国语・越语》的"劳而不矜其功"，《庄子・让王》的"日出而作"，这里的"劳"与"作"都是劳动的意思。在古代也讲"劳动"，但另有释义，如白居易诗"劳动故人庞阁老"，中的"劳动"一词，是"有劳了"和"感谢"的意思。那么，在现代社会生活中劳动的含义又是什么呢？或者说我们目前所用"劳动"一词应如何理解呢？

1. 马克思对劳动的释义

《马克思恩格斯全集》中给出了劳动的概念："劳动首先是人和自然之间的过程，

是人以自身的活动来引起、调整和控制人和自然之间的物质变换过程”“劳动过程的简单要素是：有目的的活动或劳动本身，劳动对象和劳动资料”。也就是说劳动是指人们通过有目的的自身活动，调控自然从而获得所需物质的过程，包括劳动者的劳动、劳动对象和劳动资料三个基本要素。

在商品生产体系中，马克思对劳动的定义是：“劳动力的使用就是劳动本身。劳动力的买者消费劳动力，就是叫劳动力的卖者劳动。”即劳动是劳动力的支出和使用。

2. 恩格斯对劳动的释义

恩格斯在《劳动在从猿到人转变过程中的作用》一文中指出，劳动是指人们运用一定的生产工具，作用于劳动对象，创造物质财富和精神财富的有目的的活动。

3. 当代关于劳动的几种释义

《简明不列颠百科全书》中，劳动是指人类在生产财富中所提供的有价值的服务（不是积累和提供资本，也不是承担经营企业的风险）。

《中国大百科全书（哲学卷）》中，劳动被定义为人类特有的基本的社会实践活动，也是人类通过有目的的活动改造自然对象并在这一活动中改造人自身的过程。

《汉语词典》对“劳动”一词的基本解释分三个方面：一是为了某种目的或在被迫情况下从事体力或脑力工作。二是特指体力劳动。三是劳驾、麻烦。

《辞海》（第 7 版）中“劳动”一词的解释有三方面：一是人类创造物质或精神财富的活动，如体力劳动、脑力劳动。二是专指体力劳动，如劳动锻炼。三是进行体力劳动。

因此，劳动的内涵非常丰富，基本上包括以下内容：

第一，劳动是人类自身的一种支出。人类在生活与工作的各项活动中，必定要消耗躯干、四肢等运动系统的能量，即体力的付出或称支付；同时也离不开人大脑的思维活动，脑细胞的运动所产生的记忆、思维、情绪、精神等一切能力与能量，即脑力的付出或称支付。因此说劳动是人类自身的一种支出，是一种体力与脑力的支出。

第二，劳动创造财富。人类通过体力与脑力的支出，所得到的生活生产所需的物质资料，是一种付出的回报，是凝结着价值量的、人类创造的物质财富。生活生产中体现的心情、态度、素质、知识、精神状态等，是人类创造的智慧财富、精神财富。物质财富为人类生存提供了最基本的物质资料，有剩余的物质资料的形成产生了社会的分工，促进了人类的发展；而精神财富如经验、知识、规范等不仅满足了人类生存的需求，而且加快了人类社会的发展。由此而见，劳动创造了人类生存与发展所需的物质和精神财富。

第三，劳动是一种活动。劳动作为一种活动，它是一种有目的、有计划的运动，并且是具有一定社会职能的一种动作综合。这种活动的目的是创造物质和精神财富，动机是为了生存与发展，动作是体力和脑力的运动和消耗。

总之，劳动是指人类通过体力与脑力的支出而创造生存和发展所需的物质和精神财富的活动。

（二）劳动的类型

按照马克思主义对劳动的分类，劳动有以下几种类型。

1. 依据劳动创造的价值分类

依据劳动创造的价值，劳动可分为简单劳动和复杂劳动。马克思在《资本论》中写道："每个没有任何专长的普通人的有机体平均具有的简单劳动力的耗费。"也就是说简单劳动是指不需要经过专门训练和培养的一般劳动者都能从事的劳动，比如搬运工、快递员、流水线操作工等的劳动。而"比较复杂的劳动只是自乘的或不如说多倍的简单劳动"。复杂劳动是指需要经过专门训练和培养，具有一定文化知识和技术专长的劳动者所从事的劳动，比如科研人员、工程师、设计师等的劳动。

商品价值的形成与劳动的付出有着密切的关系。相对来讲，简单劳动创造的商品价值较低，而复杂劳动创造的价值较高；一般以简单劳动为尺度来衡量劳动创造的商品价值，复杂劳动等于多倍的简单劳动。在相同的劳动时间里，复杂劳动创造的价值大于简单劳动创造的价值。例如，"杂交水稻之父"袁隆平研究杂交水稻高产品种，其科研工作属于复杂劳动；而农民种杂交水稻属于简单劳动。袁隆平的科研工作为人类社会做出了巨大的贡献，对解决中国乃至全世界的粮食问题具有重大意义，所创造的价值不可估量，远远高于农民们所种水稻的价值。

2. 依据劳动支出呈现的方式分类

依据劳动支出呈现的方式，劳动可分为体力劳动和脑力劳动。不同的劳动在劳动过程中的人体支出是不同的。劳动者以大脑神经系统为主要运动器官的劳动称为脑力劳动，如从事政治、文化、科学研究，组织生产，管理经济等活动均是。邓小平《关于科学和教育工作的几点意见》中指出："科研工作、教育工作是脑力劳动。"而劳动者以运动系统为主要运动器官的劳动称为体力劳动，如工程施工、农业生产、手工制造，等等。

3. 依据劳动生产的商品分类

依据劳动生产的商品，劳动可分为具体劳动和抽象劳动。日常生活中我们常见的劳动，都是能看得到的真实、具体而有结果的劳动。例如做衣服、做蛋糕、绘画、植树、教室上课、打扫卫生，等等，这些都是具体的劳动。衣服是用来穿的，蛋糕是用来吃的，画是用来欣赏的，这些不同质的具体劳动创造出不同质的使用价值，并且产生了交换的必要。因此，具体劳动是生产不同使用价值的不同性质和不同形式的劳动，由生产的目的、操作方式、劳动对象、劳动手段和结果决定。人类的生存与发展是离不开具体劳动的，具体劳动创造了商品的使用价值。抽象劳动顾名思义它是看不见的，是凝结在商品中的无差别的人类劳动。比如不同类别实物价值的等同与交换，衣服与蛋糕的交换，是商品等价的交换、实物差别的劳动交换，是抽象劳动价值的交换。

具体劳动和抽象劳动是劳动的二重性，也是商品二重性。《资本论》指出："一切劳动，一方面是人类劳动力在生理学意义上的耗费；就相同的或抽象的人类劳动这个属性来说，它形成商品价值。一切劳动，另一方面是人类劳动力在特殊的有一定目的的形式上的耗费；就具体的有用的劳动这个属性来说，它生产使用价值。"例如教师上课，具体劳动是讲的什么内容、采用了哪种授课方式等，抽象劳动是教师讲了多长时间、教会学生多少知识等。

4. 依据劳动的主客体关系分类

依据劳动的主客体关系，劳动可分为异化劳动和自由劳动。劳动的主体是指劳动者，而劳动的客体是指劳动的对象；劳动的主客体关系是指劳动者与劳动对象、劳动结果的根本关系，即劳动的主体劳动者与劳动所创造的产品及价值的所属关系。

异化劳动的概念是在马克思的《1844 年经济学哲学手稿》中首次提出的，是私有制条件下劳动产生的异化现象。在资本主义社会中，工人阶级的劳动受资本家的控制，所创造的物质财富被资本家拥有；因生活所迫，劳动者失去劳动的自由，被自己劳动所创造的价值统治，即工人阶级的劳动变为资本家的劳动——异化劳动。异化劳动是指人的物质生产与精神生产及其产品变成异己力量，反过来统治人。马克思认为异化劳动是受一定生产关系制约的历史现象，将随着资本主义生产关系的灭亡而消亡。

自由劳动是指人的劳动由物的依赖性向自由个性的过渡。物的依赖性是人类社会生存的现实，只有生产力极大发展、社会物质产品极大丰富，人类社会才能实现从物的依赖性社会过渡到自由个性社会。自由个性的社会是以人的自由全面发展为基础的，人的自由个性是指人不仅获得了政治上的自由，享有自由的权利，而且能够控制自己的社会关系和自己的能力，独立自由地存在和发展自己，按照自己的个性特点自由地安排自己的生活和活动，像马克思在《德意志意识形态》中所描述的场景：一个人可以按照自己的希望来安排自己的生活，无论是一个科学家、学问家，还是从事生产劳动，完全是出于自己的愿望，一个人可以"上午打猎，下午捕鱼，晚上从事批判"。

5. 依据劳动的自然形态分类

依据劳动的自然形态，劳动可分为生产劳动与非生产劳动。生产劳动是指创造物质财富的劳动，如农业劳动、建筑业劳动、手工业劳动等。生产劳动创造了人类赖以生存、发展的物质资料，在劳动过程中，人们形成物质资料生产、交换、分配、消费等方面的相互关系，这是生产关系本质的体现。非生产劳动是与生产劳动相对应的概念，指不创造物质财富的劳动，如教育、文艺、文学、医护等的劳动。非生产劳动是以生产劳动为基础的，随着生产劳动创造的物质资料有剩余产品以后才出现的；非生产劳动是为满足人们精神生活、医疗保健、生活服务的需求而产生、发展的。

（三）劳动的价值意义

劳动是人类生存发展的动力源泉，劳动的本质所体现的价值意义在于劳动促进了整个人类社会发展和个体发展，具体表现在以下五个方面。

1. 劳动创造了人类

人类生存与发展的最基本的实践活动就是物质生产劳动，人类通过数百万年的劳动实践，逐渐形成灵巧的四肢、发达的大脑、丰富的语言，使人类从自然界中分离出来。这充分说明了，在从猿到人的进化过程中，劳动是决定性因素，劳动创造了人类。

恩格斯在 1876 年所写的《劳动在从猿到人转变过程中的作用》一文中指出："首先是劳动，然后是语言和劳动一起，成了两个最主要的推动力，在它们的影响下，猿的脑髓就逐渐地变成人的脑髓。"劳动"是整个人类生活的第一个基本条件，而且达到这样的程度，以致我们在某种意义上不得不说：劳动创造了人本身"。

2. 劳动是人类生存的基础

为了生存和发展，劳动成为人类社会生活中极为重要、极为普遍的现象。"日出而作，日落而息"说明人类主要的活动是劳动。人首先要解决吃、穿、住、行的问题，从根本上来讲，人类最初的劳动现象是为了从自然界中获取足够的生活资料，满足自身在衣食住行等方面的生活需求。物质资料的生产或劳动，是人类赖以生存和发展的基础。随着社会的发展，劳动为人类不仅创造物质财富，而且创造精神财富，满足人们日益发展的精神需求。因此，劳动是人类生存的基础。

3. 劳动推动了社会发展

马克思主义认为，劳动推动社会历史进步，这是人最本质最显著的特征。马克思在《1844 年经济学哲学手稿》强调："对社会主义的人来说，整个所谓世界历史不外是人通过人的劳动而诞生的过程。"在这种意义上来说，劳动是推动人类社会进步的根本力量，是人类开创美好未来的源泉。

劳动是促进社会发展之动力。社会发展的动力主要是由劳动力、生产力与社会发展力所组成。劳动是人的自然因素、社会因素和精神因素的统一。在劳动过程中人是主要的劳动力，是生产力中起主导作用的要素，也是物质要素的创造者和使用者。人通过劳动创造了物质财富和精神财富，它不仅满足了人类自身生存、发展和繁衍的需要，还在劳动过程中，逐渐发展了社会生产力，提高了劳动技能，形成了一定的社会关系、人类文化，促进了人类社会从原始社会、奴隶社会、封建社会、资本主义社会发展到社会主义社会，最终还要过渡到共产主义社会。所以说，劳动推动了人类社会的发展。

4. 劳动促进科技文化的发展

文化源于劳动。陶铸曾说过："劳动是一切知识的源泉。"人类在劳动过程中，需要制造和使用工具获取原料，创造生存所需要的生产和生活资料，从而不断累积经验，汲取教训，获得知识，产生宗教信仰、理性思维，等等，形成一个民族的文化。

科学技术是科学和技术的总称，简称为科技。科学是人类对自然、社会及思维过程的本质及运动规律的知识体系，这种知识体系是人类在长期的实践过程中创立的，根据实践经验在科学原理指导下所创造或发明的方法、技能、技巧等。从本质上看，科学技术是劳动特别是脑力劳动的产物，是人类特有的创造性活动的结晶。人民群众创造了科学技术并推进其发展。人类所特有的劳动是科学技术进步的源泉和动力，人民通过其劳动促进科技文化的发展。

5. 劳动促进个体的发展

劳动是人成长所必需的课堂。人的一生离不开劳动，教育儿童从小、从身边小事做起，热爱劳动、尊崇劳动、勤奋劳动是中华民族的优良传统。

劳动是促进人个体发展的重要活动。劳动可以树德、增智、健体、育美。劳动可以培育人形成良好的道德品质、正确的价值观。清代刘蓉的《习惯说》中有"一室之不治，何以天下家国为"之问。劳动手脑并用，强健四肢，锻炼思维，从而促进智力和体魄的发育，并培养劳动美德。马克思在 1848 年回答燕妮问世界上什么最光荣时，坚定地说"劳动最光荣"。

二、劳动教育

（一）劳动教育的内涵

人们对于"劳动教育"一词的内涵有着不同的解释，并且劳动教育的内涵随着社会的发展而不断丰富、发展和完善。

马克思主义劳动教育观认为，教育与生产劳动相结合是造就全面发展的人的唯一方法。马克思在《资本论》中强调："未来教育对所有已满一定年龄的儿童来说，就是生产劳动同智育和体育相结合，它不仅是提高社会生产的一种方法，而且是造就全面发展的人的唯一方法。"

《辞海》（第 7 版）中解释"劳动教育"是德育的内容之一，是受教育者树立正确的劳动观点和态度、养成劳动习惯的教育。《教育大辞典》给出的定义是："劳动、生产、技术和劳动素养方面的教育，旨在培养学生正确的劳动观点、劳动态度、劳动习惯，使学生获得工农业生产基本知识和技能。"《中国百科大辞典》指出："劳动技术教育是全面发展教育的重要组成部分之一，由劳动教育和技术教育两方面组成，劳动教育是以劳动实践为主，结合进行思想教育。"

2020 年 3 月中共中央、国务院《关于全面加强新时代大中小学劳动教育的意见》明确指出，劳动教育是指"有目的、有计划地组织学生参加日常生活劳动、生产劳动和服务性劳动，让学生动手实践、出力流汗，接受锻炼、磨炼意志，培养学生正确劳动价值观和良好劳动品质"。

北京师范大学教授檀传宝对劳动教育概念的释义：劳动教育是以提升学生劳动素养的方式促进学生全面发展的教育活动。由于劳动价值观是劳动素养的核心内涵，劳动教育也可以定义为是以促进学生形成劳动价值观和养成良好劳动素养为目的的教育活动。

从以上不同时代、不同角度、不同层面上对劳动教育的阐述来看，劳动教育首先是一种教育方式，这种教育的实现方式是劳动，教育的目的是通过提升学生劳动素养，促进学生全面发展。

由此而把劳动教育定义为：劳动教育是指通过劳动有目的地对学生进行教育，是提升学生劳动素养、促进学生全面发展的教育活动。

（二）劳动教育的特征

劳动教育重在通过劳动达到教育的目的，它兼有劳动与教育的特点，又具有其独特性。劳动教育的基本特征：

一是教育的普遍性。劳动教育是我国教育方针的基本要求，是实施素质教育的重要内容，是培育和践行社会主义核心价值观的有效途径。我国的劳动教育实施涵盖了职业教育、普通教育、大中小幼不同学段，充分体现了劳动教育的普遍性。劳动教育的普遍性还体现为教育的终身性。陶行知说"生活即教育"，劳动教育在生活中处处有体现，它是人生亮丽的底色。生活中的劳动锻炼了我们的自理能力、动手能力、创新能力，培养了热爱劳动、崇尚劳动、奉献劳动的品质。

二是突出的社会性。劳动教育是一种社会现象，它的发生和发展受社会发展规律的制约，主要是受经济基础、政治制度、生产力发展水平、科学文化等因素的影响和制约。新时代中国特色社会主义的劳动教育就具有鲜明的思想性，将马克思主义劳动观贯彻始终，强调劳动者是国家的主人，一切劳动和劳动者都应该得到鼓励和尊重，反对一切不劳而获、崇尚暴富、贪图享乐等错误思想。

劳动教育使学校教育与家庭生活、社会实践、生产服务紧密联系起来，通过劳动活动引导学生走向社会、认识社会，强化责任担当意识，增强社会责任感，体会社会主义社会平等、和谐的新型劳动关系。

三是显著的实践性。劳动教育是以动手实践为主要方式的教育，其最大特征就是它的实践性。实践性是劳动教育课程区别于其他知识类课程的最大特点，学生通过亲身的劳动活动体验，获得直接经验，提高知识运用能力，掌握一定的技术知识、操作技能，体现了“做中学”和“学中做”的知行合一的教育理念。劳动教育引导学生在认识世界的基础上，学会建设世界、塑造自己。

四是价值的核心性。教育与生产劳动相结合是马克思主义教育基本原理，也是我国新时代全面发展“五育”素质教育的本质特征和根本途径。在德智体美劳“五育”中，“劳”位居第五，但是“劳”却起着主要作用，是培育人全面发展的重要一环。劳动有树德、增智、健体、育美、创新等较为全面的教育功能。

劳动教育的核心是劳动素养的培育，而劳动素养的核心是劳动价值观。社会主义劳动教育的核心目标就是促进学生形成正确的劳动价值观。党的十九大报告中提出“营造劳动光荣的社会风尚”“弘扬劳模精神和工匠精神”。2015 年习近平总书记在庆祝“五一”国际劳动节暨表彰全国劳动模范和先进工作者大会上指出：“要教育孩子们从小热爱劳动、热爱创造，通过劳动和创造播种希望、收获果实，也通过劳动和创造磨炼意志、提高自己。”这些重要论断进一步丰富和发展了马克思主义的劳动价值观、劳动教育观。劳动教育要让学生认识到劳动是一切社会财富的源泉，是实现个人成长进步的阶梯，是实现生命价值和生命意义的唯一途径。

五是强烈的时代性。由于人类的发展、社会的进步，劳动教育有着强烈的时代性。新中国成立初期，国家建设百废待兴，这一时期的“三为”教育方针中“教育为工农服务，为生产建设服务”明确指出，劳动教育主要是以体力劳动（生产劳动）为主的劳动教育，是促进生产建设的劳动教育。在我国大力发展社会主义建设时期，劳动教育以勤工俭学和半工半读的方式，培养体力劳动和脑力劳动相结合的新型劳动者，为国家各项建设事业输送技术劳动力。中国特色社会主义建设的新时代，劳动教育是全面素质育人，培养德智体美劳全面发展的社会主义建设者和接班人。2018 年 9 月，习近平总书记在全国教育大会上明确提出“要在学生中弘扬劳动精神，教育引导学生崇尚劳动、尊重劳动，懂得劳动最光荣、劳动最崇高、劳动最伟大、劳动最美丽的道理，长大后能够辛勤劳动、诚实劳动、创造性劳动”。这对劳动教育提出了新时代的更高要求。

（三）劳动教育的意义

党的十九大报告指出，中国特色社会主义进入了新时代。在新时代背景下，加强学生的劳动教育，努力提高学生的劳动素质，对学生践行社会主义核心价值观，传承中华优秀传统文化，实现中华民族伟大复兴的中国梦具有重要的时代意义。

1. 以劳立德树人

劳动教育重在培养学生的思想品德，目的是立德树人，促进学生全面发展。正如习近平总书记指出的，“人世间的一切幸福都需要靠辛勤的劳动来创造”。学生良好的道德品质，正确的人生观、价值观、政治观及思想方法的培养都源于劳动教育。

要通过日常生活的劳动，增强学生生活自理能力，培养家庭责任感，形成勤俭节约的品质。朱柏庐的《朱子家训》中“黎明即起，洒扫庭除”，就是通过打扫卫生的劳动培养儿童创造环境美的意识，体会劳动中的美，培育爱劳动爱干净的文明素养。在学校参加劳动，能促进学生团结协作、踏实肯干、意志坚定等优良品质的形成。要在社会实践与生产劳动中，培育学生爱岗敬业、大国工匠、崇尚劳动的精神，理解劳动的义务和使命，体会劳动创造美好生活，使之成为有大爱大德大情怀的人。从时传祥到袁隆平，从李素丽到杨利伟，虽然他们的劳动有着天壤之别，但是同样光荣。歌德说：“劳动可以使我们摆脱三大灾祸：寂寞、恶习、贫困。”习总书记说：“生活靠劳动创造，人生也靠劳动创造。”这说明劳动不仅是对自己负责，也是对社会负责，它体现了一个人的人生观、价值观、世界观。

2. 以劳增智创新

劳动教育是人类有目的、有计划的特殊实践活动，在有目的、有计划的劳动过程中，人的大脑在积极活动，大脑指挥肢体做出动作，促进了智力的发展。人在用手把石头做成石刀石斧以后，手变得自由了，能够不断地获得新的技巧；双手所做的精细动作越多，越能增强自身智力发展。劳动让人更加聪明，俗语说“心灵手巧”，学生在劳动过程中“手”“脑”都在积极地“理解与思考”，边思考边劳动，边劳动边思考，劳动促进了智力的发展。尤其是对于儿童来讲，通过基本的劳动训练，可以使孩子脑细胞得到更多的刺激，加快脑细胞的发育成长，促使孩子的双手和大脑协调发展，有利于智力的开发。在劳动过程中学生通过观察、推测，又促进了学生逻辑思维能力和创新能力的发展。例如，让学生做一个小书架，自己设计、自己制作，学生在设计制作中，通过智力和体力劳动的结合，发现问题、解决问题、完成劳动，在劳动中增强了学生的智力发展，培养了学生创新能力。

3. 以劳强身健体

劳动作为人类活动的一种，不论是体力劳动还是脑力劳动，都是要耗费体能和精力的，尤其是体力劳动，在营养良好的情况下，能促进肌肉、骨骼的生长发育，增强心肺功能，改善血液循环系统等机能状况，提高抗病能力，增强身体的适应能力，有利于形成健康的体魄，展示朝气蓬勃的精神面貌。好逸恶动、四体不勤、长期不参加劳动，势必导致学生手不能提、肩不能扛、四肢软懒、体质虚弱。

4. 以劳育美创美

劳动教育利于加强和改进学校美育。在劳动过程中，促进学生树立“劳动最光荣、劳动最崇高、劳动最伟大、劳动最美丽”的劳动审美观，让青少年学生在劳动创造中形成发现美、体验美、鉴赏美、创造美的意识和能力，从而提高学生审美能力和人文素养，培养学生的高尚情操和文明素质。

劳动创造了美，人在劳动中按照审美的规律不断创造美的事物。劳动创造了优美的服装、五彩的绸缎、精美的陶器、壮丽的大厦、宏伟的桥梁、秀美的园林仙境、色香味俱全的佳肴，等等。劳动为我们的生活创造了美。

劳动体现了美。劳动的情景给人们带来一种无与伦比的美感，它真实而美妙的内在美让人崇尚劳动。诗人海子的《麦地》赞美了种麦收麦劳作的父亲：“月亮下，连夜种麦的父亲，身上像流动金子。”诗人向读者描绘了一幅古老农业生产劳动的画面，它宁静而祥和，纯净而美丽，质朴而浪漫。米勒的《拾穗者》、列宾的《伏尔加河上的纤夫》、委拉斯凯兹《纺织女》等名画巨作，都生动真实地描绘了劳动之美。

5. 以劳学知掌技

将劳动教育与学生的个人生活、校园劳动和社会实践有机结合起来，不仅能丰富学生的劳动体验，提高了他们的劳动能力，深化他们对劳动价值的理解，而且能使学生获得生活及工农业生产的基本知识和技能。

陶行知说：“行是知之始，知是行之成。”说明理论联系实践的必要性。学生参加实习实训、专业服务和创新创业活动，在劳动实践中把所学的知识融会在一起，通过动手操作实施加以运用，不仅巩固了所学的知识和技能，而且在劳动过程中，学会发现问题并努力寻求解决问题的方法途径。

第二节 高等职业学校的劳动教育

一、高等职业学校劳动教育的内涵

（一）职业与职业教育

1. 职业

（1）职业的内涵

职业作为术语，是一个集合名词，其含义与时代、社会经济水平、社会政治制度有关。人们对职业内涵的理解因角度不同而不尽相同。

在我国古代，“职”和“业”是不同的两个概念，“职”是指官事，而“业”是指农牧工商。到了近代“职业”二字方被联合起来使用。

2020 年 8 月出版的《辞源》对“职业”的界定：一是官事和士农工商四民之常业；二是职分应作之事；三是职务、职掌；四是事业；五是指个人服务社会并作为主要生活来源的工作。

周广德主编的《职业技术教育词典》（1989）对“职业”的界定：一种相对固定的并要求工作（生产）者具备一定专业知识、技术技能和劳动能力的劳动活动，是人们在社会生活中所承担的一定职责和专门业务。

顾明远主编的《教育大辞典》（1998）对“职业”的界定：个人在社会中所从事的并以其为主要生活来源的工作的种类。

中国职业规划师协会的定义：职业是性质相近的工作的总称，通常指个人服务社会并作为主要生活来源的工作。职业＝职能×行业。

总的来讲，职业是社会分工的产物，是具有一定专业素养的人为了获得一定的回报而从事的经常性的、专业化的、相对稳定的社会活动。

（2）职业的分类

职业分类是以工作性质的同一性为基本依据，采用一定的标准和方法，依据一定的分类原则，对从业人员所从事的各种专门化的社会职业所进行的全面系统的划分与归类。所谓工作性质，即一种职业区别于另一种职业的根本属性。工作性质一般通过职业活动的对象、从业方式等的不同予以体现。

我国目前使用的职业分类标准是《中华人民共和国职业分类大典》（2015 年版），按照以“工作性质相似性为主、技能水平相似性为辅”的分类原则，将我国职业分类体系由大到小、由粗到细地划分为四个层次：大类、中类、小类和细类（职业）。其中

8 个大类、75 个中类、434 个小类、1481 个职业，并列出了 2670 个工种，标注了 127 个绿色职业。8 个大类分别是：

第一大类：国家机关、党群组织、企业、事业单位负责人，其中包括 6 个中类，23 个职业；

第二大类：专业技术人员，其中包括 11 个中类，451 个职业；

第三大类：办事人员和有关人员，其中包括 2 个中类，25 个职业；

第四大类：商业、服务业人员，其中包括 16 个中类，278 个职业；

第五大类：农、林、牧、渔、水利业生产人员，其中包括 6 个中类，52 个职业；

第六大类：生产、运输设备操作人员及有关人员，其中包括 32 个中类，650 个职业；

第七大类：军人，其中包括 1 个中类，1 个职业；

第八大类：不便分类的其他从业人员，其中包括 1 个中类，1 个职业。

从上面的职业分类来看，职业类型全面，涵盖农、工、商、行政、专业技术、服务、生产、军人及其他类型。从职业数量来看，第六大类的生产、运输设备操作人员及有关人员，职业数量最多，达 650 个，占总职业数量的 43.9%；其次是第二大类的专业技术人员，有 451 个职业。高等职业技术院校人才培养目标主要是为生产一线培养高素质高级专业技术型人才，高等学校学生涉及的职业还有第五大类的农、林、牧、渔、水利业生产人员，其中包括 52 个职业。这三大类型的职业共计 1153 个职业，占总职业数量的 77.9%。因此，高等学校学生走向社会就业职业比较多。

（3）职业的特点

职业是一种社会活动，它呈现为一种劳动，同时具有专业化的要求。所以，职业既有一般劳动形式的特点，也有其行业特点，并在产生和发展的过程中，逐渐形成了与其他劳动形式不同的特点，主要表现在以下几个方面：

①社会性。职业是人类在劳动过程中的分工现象，它体现的是劳动力与劳动资料之间的结合关系，也体现出劳动者之间的关系，劳动产品的交换体现的是不同职业之间的劳动交换关系。任何一个职业都是社会所必需的、服务社会的专门工作。由此可见，职业活动及其劳动成果都明显存在着社会属性。

②经济性。职业是个人和社会存在和发展的基础，因为职业活动不仅解决了人们个人生活的经济来源问题，同时，个人从事的职业也满足社会的需要，是促进社会经济发展的重要环节。

③稳定性。一种职业的产生、发展和消亡受多种因素的综合影响，一种职业的形成是需要一个较长的过程的。职业必须具有在一定时期内的相对稳定性，临时性的活

动不能称为职业。但是，随着社会的发展、科技的高速发展，职业的稳定性有所降低，一些职业随着技术变革而更新的速度的加快，其存在周期也在缩短。

④专业性。随着社会的发展，人们对职业的要求也在不断发展，职业的专业性越来越强，专业化程度也越来越高。尤其是在进入知识经济时代后，各行各业对专业知识、专业技术的要求更高了。比如，医生、律师、工程师及教师等专业化程度高的职业，社会对这些职业的要求也越来越高，它们都具有其他职业不可替代的特点。

⑤规范性。职业的规范性是指职业内部的规范操作与职业道德的要求。每一种职业在其劳动过程中都有一定的专业操作规范，比如对知识、技术的要求，具体职业操作流程和质量标准等；并且不同职业在对外展现其服务时，还存在着职业道德规范。

⑥群体性。职业的群体性首先表现在职业具有一定规模，是群体的共同行为，达不到一定数量，从业人员的劳动不能成为职业。其次是同一类别的职业内部，从业者相互合作、齐心协力，共同承担社会责任，具有群体认同感，通过群体的努力共同完成职业要求，成为社会的一类人群。

⑦时代性。职业的时代性指由于科学技术的变化，人们生活方式、习惯等因素的变化导致职业打上那个时代的“烙印”。随着社会的进步、经济体制的改革，社会分工越来越细，职业的种类也必将越来越多，新的职业不断产生，旧的职业不断消亡。新的职业如经纪人、营养师、信用管理师等还会不断涌现，旧的职业如淘粪工、打字员、发报员等逐渐消失。

2. 职业教育

（1）职业教育的内涵

职业教育是社会发展的产物，是人类文明发展的产物。“职业教育”一词产生于18世纪末的欧洲。最初采取学徒制形式，19世纪随着工业的发展，一些欧洲国家开始以学校形式开展“技术教育”。而中国是1917年5月黄炎培等人在实利主义教育思想的启发下，提出了“实用主义教育”，创办中华职业教育社，从此“职业教育”成为新中国成立前我国社会各界多数人通用的概念。

对职业教育这一概念，人们的理解存在一定差别，但对其内涵的理解却有共识。1974年联合国教科文组织在《修订的关于技术与职业教育的建议》中建议使用“技术与职业教育”概念，对其内涵理解为：是普通教育的组成部分；是在某一职业领域就业准备的手段；是继续教育的一个方面。

联合国教科文组织1997年第29届大会批准的《国际教育标准分类法》中提出，职业教育教学计划主要是为引导学生掌握在某一特定的职业或行业或某类职业或行业中从业所需要的实用技能、知识和认识而设计的。

《国际教育辞典》里的职业教育定义是：职业教育是指在学校内或学校外为提高职业熟练程度而进行的全部活动，包括学徒培训、校内指导、课程培训、现场培训和全员再培训，还包括职业定向、特殊技能培训和就业安置等内容。

《教育大辞典》将其释义为“传授某种职业或生产劳动知识和技能的教育”，包括两个方面，一是仅指培养技术工人类的职业技能教育；二是泛指为谋取或保持职业而准备、养成或增进从业者的知识、技能、态度的教育和训练，不仅包括技能性、还包括技术性的，与“职业技术教育”同义。

总而言之，职业教育是指适应个体发展以及经济和社会发展要求，在一定的文化水平基础上，培养人们获得一定职业资格，以及继续深造、职业发展所需要的知识和技能的综合职业素质教育。

（2）职业教育的类型

1996 年 5 月 15 日颁布的《中华人民共和国职业教育法》，规定了建立、健全包括职业学校教育与职业培训的职业教育体系，把职业教育分为职业学校教育和职业培训两大类。

①职业学校教育是学历性的教育，分为初等、中等和高等职业学校或普通高等学校教育。职业学校包括技工学校（中等技工学校和技师学院）、职业高中（职业中学）、职业中专、高等职业学校（职业技术学院、职业大学）等。

②职业培训是非学历性的教育，包括从业前培训、转业培训、学徒培训、在岗培训、转岗培训，等等，分别由相应的职业培训机构、职业学校实施。

（3）职业教育的特征

①职业性。所谓职业性是指职业教育培养生产、服务、技术和管理所需要的高素质劳动者和技术、技能性人才，注重学生职业能力的培养，具有以职业为导向、为就业服务的特点。黄炎培曾说，职业教育的根本目的就是“使无业者有业，有业者乐业”。美国的社区学院校门口往往写着：“就业教育是我们的宗旨。”

②社会性。社会性是指职业教育是一种社会需求制约型的教育。也就是说，职业教育的办学必须与社会的需求相适应。因为职业教育的培养目标及发展规模、结构和速度，既受社会需求的推动，又受社会需求的约束；并且，在实施过程中也需要广泛吸引社会力量的参与，主要表现在职业教育的办学、教学、就业等方面都需要企业和行业等社会力量的大力支持。

③实践性。职业教育的实践性主要体现在教学过程及其培养的人才类型具有实践性的特点。由于职业教育主要是为企业培养应用型技术、技能人才。所以，职业教育强调实际训练，突出技能、技术教育，为经济社会发展培养一线应用型人才。职业教

育必须根据企业生产经营的特点、技术创新的要求和劳动组织方式的变革等，把教学与生产、理论与实践、技术与创新相结合起来，做到面向社会、面向企业、面向生产。

④大众性。职业教育的大众性也称为人民性，职业教育是面向全民的教育。体现了职业教育必须最大限度地满足广大民众的需要，以服务民众为宗旨；并且，在当今社会，绝大多数的社会职业，无论是技术的还是非技术的，都需要经过一定的职业训练并获得职业资格的人来从事。这就决定了每个公民都必须接受一定的职业教育。我国实行“先培训，后就业”的原则，正是职业教育普及性、大众性的体现。

⑤终身性。终身性指职业教育是贯穿于人一生的一种教育形式。一个人在一生中只有接受多次职业教育，才能不断地具有胜任各项工作的能力。随着社会的进步、科技的发展，人们也必须与时俱进，根据生产技术、设备工艺等的要求，不断接受职业培训，以提高自己的职业能力，满足职业的需要。

（二）高职学校劳动教育

1. 高等职业教育

“高等职业教育”是“高等”“职业”与“教育”概念的复合词。对其概念的理解有三层：第一级是将它归入“高等教育”范畴，认为高等职业教育是高等教育中具有较强职业性和应用性的一种特定的教育；第二级是认为它只是“职业教育”范畴中处于高层次的那一部分，并不属于高等教育范畴；第三级则是把它泛化地理解为，凡是培养处于较高层次的职业技术人才（不管其属何种系列）的教育都属于高等职业教育，如把培养技术工人系列人才中的高级技工教育也看作高等职业教育，从而将“高等”与“高级”等同起来。

根据《教育大辞典》有关条目的解释，高等职业教育“属于第三级教育层次”，而第三级教育“一般认为与‘高等教育’同义”，认为“高等职业教育与普通高等教育一样，应包括学历教育和非学历教育两大部分”。

目前，国际上对高等职业教育概念的界定，一般是根据联合国教科文组织（UNESCO）制定的“国际教育标准分类”（ISCED）的分类标准界定的。根据 1997 年“国际教育标准分类”（ISCED1997）中有关说明来看，对“高等职业教育”的理解是上述第一种，即高等职业教育属于高等教育范畴，只是其课程计划有特殊性。即它所面向的是某一特定职业或职业群的实际需要，同时也是针对某一特定的学科领域的需要，比普通高等教育更定向于实际工作并更体现职业特殊性。

1999 年 6 月，中共中央、国务院发布的《关于深化教育改革，全面推进素质教育的决定》中指出，高等职业教育是高等教育的重要组成部分。要大力发展高等职业教育，培养一大批具有一定理论知识和较强实践能力，生产、建设、管理、服务第一线和农村急需的专门人才。2006 年 11 月《教育部关于全面提高高等职业教育教学质量的若干意见》中明确指出："高等职业教育作为高等教育发展中的一个类型，肩负着培养面向生产、建设、服务和管理第一线需要的高技能人才的使命，在我国加快推进社会主义现代化建设进程中具有不可替代的作用。"由此可见，目前，我国对高等职业教育的界定为：高等职业教育是中国高等教育的组成部分，包括专科、本科和研究生三个学历教育层次，是面向生产、建设、服务和管理第一线需要的高技能人才的教育，是我国职业教育体系中的高层次教育。

2019 年初，国务院印发《国家职业教育改革实施方案》开篇即指出："职业教育与普通教育是两种不同教育类型，具有同等重要地位。"强调了职业教育是一种"类型教育"；职业教育的转型就是职业教育的办学模式要从普通教育转向类型教育。新的职业教育突出的特点：一是办学格局由一元主体向双元主体转型，校企合作、产教融合校企"双元"育人；二是教育目标由单一需求向双重需求的转变，即向个人职业需求与社会需求的转变；三是教育制度由共性制度向兼收并蓄制度调整，开放办学，体现知行合一的多维度教育制度，包括"学历证书＋若干职业技能证书"（简称"1＋X"证书）制度，学历证书和职业技能等级证书互通衔接、符合国情的国家资历框架制度，"文化素质＋职业技能"的"职教高考"制度等。

2. 高职学校劳动教育

从上述职业、职业教育、高等职业教育概念的内涵来理解高职学校劳动教育的内涵，高职学校劳动教育应是高等教育、职业教育、劳动教育相结合的教育。下面对高职学校劳动教育的内涵从三个方面进行释义。

首先，高职学校劳动教育应属于高等职业教育的重要内容。其次，劳动作为教育途径，高职学校通过劳动对学生进行劳动素养、劳动价值观教育，培育学生工匠精神与职业道德。再次，通过劳动教育提高学生劳动能力，培养职业院校学生扎实的劳动知识与技能，学会创造性劳动，运用劳动技能解决现实问题的劳动技术。

3. 高职学校劳动教育的价值

高职学校对于为新时代中国特色社会主义建设，实现中华民族伟大复兴培养成千上万的热爱劳动、勤于劳动、崇尚劳动的高素质高级专业技术劳动者，积极推进劳动教育有着重大价值。

（1）政治价值

当前，我国正处于"两个一百年"奋斗目标的历史交汇期，实现中华民族伟大复兴的中国梦，需要千千万万的劳动者立足本职、努力劳动。高职学校构建新时代劳动教育体系，是培养担当民族复兴大任的时代新人的重要一环，也是"为党育人、为国育才”的必由之路。

（2）思想价值

高职学校构建新时代劳动教育体系，就是为了让学生知道在“网络世界”的另一面，在“流量”关注不到的地方和“镁光灯”的背后，还有数以亿计的普通劳动者正通过自己的辛勤劳动默默维系着社会的运转，引导学生正确认识劳动是推动历史进步、社会发展和个人成长的根本力量，并努力成长为有思想、有本领的新时代劳动者。

（3）教育价值

德智体美劳全面发展，是教育的目标，也是素质教育的要求，而职业教育作为一种类型教育，更加注重培养学生掌握劳动技能。高职学校构建新时代劳动教育体系，将学历教育与生产劳动和社会实践相结合，将劳动理论教育和劳动技能培训相结合，教育引导学生崇尚劳动、尊重劳动，可以有效促进劳动教育与德育、智育、体育、美育育人功能的融合，保证职业教育目标的实现和立德树人根本任务的完成。

（4）社会价值

当前高职学校部分青年学生受不良社会风气影响，排斥劳动、攀比享乐，与“时代新人”的要求相去甚远。高职学校构建新时代劳动教育体系，可以将他们从非正常校园生活中唤醒，重新树立人生目标，校正青春航向，获得终身受益的宝贵精神财富，为将来走上社会打下坚实基础。

（三）高职学校专业与职业

根据中国职业规划师协会对职业的定义，职业在特定的组织内表现为职位，即岗位。通常人们谈论某一具体的工作（职业）时，其实，也就是在谈某一类职位（岗位）。每一个职位都会对应着一组任务，作为任职者的岗位职责。而要完成这些任务，就需要这个岗位上的人，即从事这个工作的人，具备相应的知识、技能、态度等，这与高职学校的专业教育有着直接关系。

1. 高职学校办学规模与就业

（1）办学规模

①全国高等职业学校的总数超过 1400 所。

近年来，我国高职（专科）院校数量不断增长。根据智研咨询发布的《2020—2026 年中国高等学校行业市场现状分析及投资前景预测报告》，到 2019 年底，全国各类高等教育在学总规模 4002 万人，高等教育毛入学率 51.6%。全国共有普通高等学校 2688 所（含独立学院 257 所），比上年增加 25 所，增长 0.94%。其中，高职（专科）院校 1423 所，比上年增加 5 所。根据教育部公布的全国高等学校名单，截至 2020 年 6 月 30 日，全国共有普通高等学校 2740 所，其中，高职高专院校共计 1468 所，比

2019 年增加 45 所。根据历年高等职业（专科）院校总体数据，其数量处于逐年增长趋势。（见表 1-1、图 1-1）

表 1-1　2015—2020 年中国高职（专科）院校统计（单位：所）

年份	2015	2016	2017	2018	2019	2020
数量	1341	1359	1388	1418	1423	1468

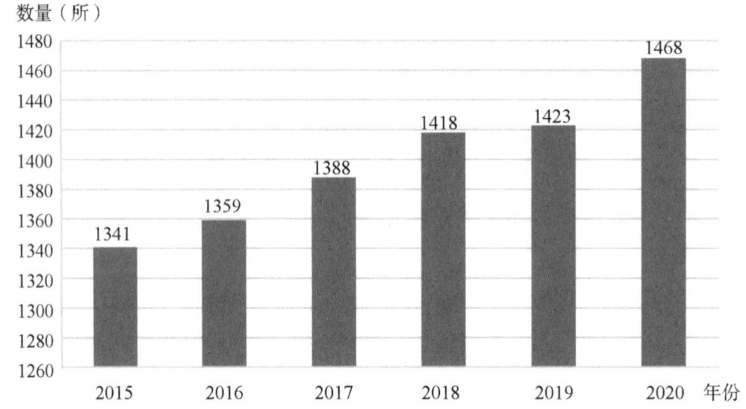

图 1-1　2015—2020 年中国高职（专科）院校数量变化趋势

数据来源：根据公开资料整理

从地理区域来看，全国各省的高职高专院校数量有一定的差距。2020 年教育部公布的全国高校名单中显示，2020 年，高职高专院校数量最多的省（市、自治区）是河南省，有 94 所，第二名江苏省 89 所、第三名广东省 87 所；排在前十位的省份还有山东、四川、湖南、安徽、河北、湖北、江西，院校数量均在 60 所以上；较少的是海南省 13 所、宁夏回族自治区 12 所、青海省 8 所、西藏自治区 3 所。具体数据见表 1-2、图 1-2 。由此可见，我国的职业教育发展受经济条件的制约和人口规模的制约，存在较为明显的区际差异。

表 1-2　2020 年全国各省高职高专院校统计（单位：所）

序号	省（市、自治区）	公办	民办	中外合作办	合计	相比 2019 年
1	河南	69	24	1	94	增 10
2	江苏	68	20	1	89	减 1
3	广东	62	25		87	不变

续表

序号	省（市、自治区）	公办	民办	中外合作办	合计	相比 2019 年
4	山东	66	16		82	增 6
5	四川	46	33		79	增 5
6	湖南	67	9		76	增 2
7	安徽	58	16		74	不变
8	河北	51	13		64	增 3
9	湖北	50	11		61	增 1
10	江西	48	12		60	增 2
11	山西	47	4		51	增 2
12	辽宁	42	9		51	不变
13	云南	38	12		50	增 1
14	福建	29	20	1	50	减 1
15	浙江	40	9		49	不变
16	贵州	39	7		46	增 3
17	广西	31	13		44	增 4
18	重庆	22	20		42	增 3
19	黑龙江	35	6		41	减 1
20	陕西	30	9		39	增 1
21	内蒙古	29	8		37	增 1
22	新疆	33	4		37	增 1
23	甘肃	26	2		28	增 1
24	吉林	19	8		27	增 2
25	天津	25	1		26	不变
26	北京	16	9		25	不变
27	上海	12	11		23	减 2
28	海南	7	6		13	增 1
29	宁夏	12			12	增 1
30	青海	8			8	不变
31	西藏	3			3	不变
合计	31	1128	337	3	1468	45

数据来源：根据高职发展智库公开资料整理

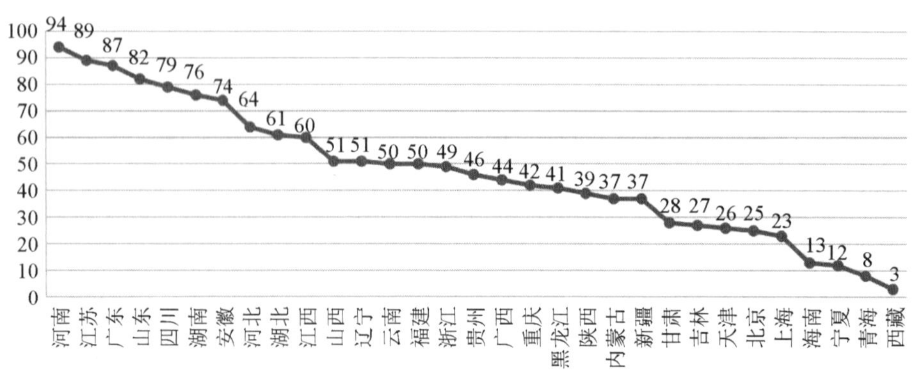

图 1-2　2020 年全国各省高职高专院校数量情况

数据来源：根据高职发展智库公开资料整理

具体来讲，人口规模主要影响职业教育的办学规模，经济总量主要影响职业教育的办学质量（因为经济越发达的地区对职业人才的培养质量要求也越高）。江苏、广东、山东等人口多、经济发达的省份是我国职业教育最发达（职业学校数量多、办学水平高）的地区，河南、河北等人口大省是我国职业教育办学规模最大的地区，贵州、海南、新疆、西藏、青海和宁夏等人口较少、经济发展滞后的省区成为我国职业教育最不发达的地区。

②全国高等职业学校在校生数量 1200 万以上，高职（专科）院校校均规模 7776 人。2019 年中国共有成人高等学校 268 所，比上年减少 9 所；研究生培养机构 828 个，其中，普通高等学校 593 个，科研机构 235 个。普通高等学校校均规模 11 260 人，其中，本科院校 15 179 人，高职（专科）院校校均规模 7776 人。2019 年我国高等职业教育在校人数达到 1280 万人。（见表 1-3、图 1-3）

表 1-3　2015—2019 年我国高等职业教育学生统计（单位：人）

年份	毕业生	招生	在校生
2015	2476005	2899105	8496353
2016	2578562	2883443	8871049
2017	2802510	2990964	9246543
2018	3003752	3218118	9695491
2019	3638141	4836146	12807058

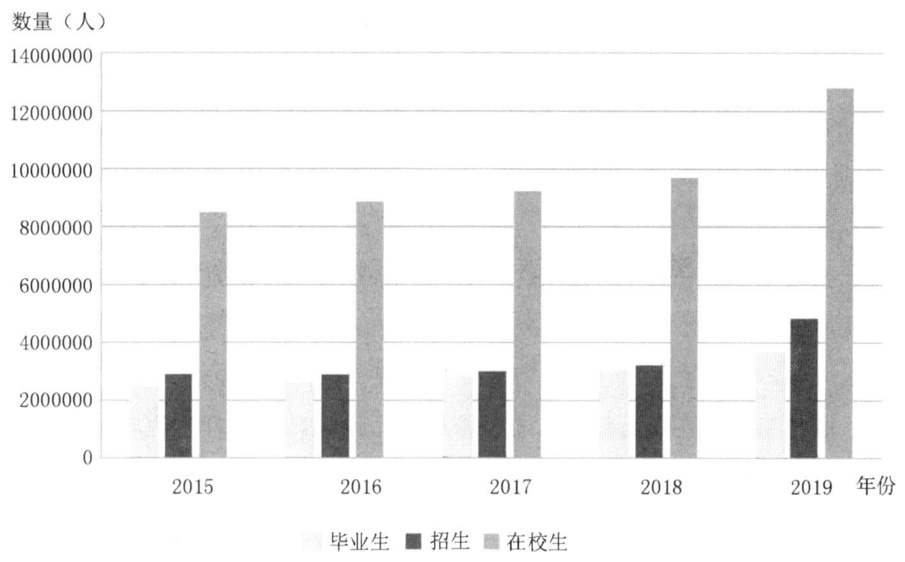

图 1-3 2015—2019 年我国高等职业教育规模

资料来源：教育部

（2）就业情况

《2019 中国高等职业教育质量年度报告》显示，高职毕业生半年后就业率持续稳定在 92%，毕业三年后月收入增幅达到 76.2%。毕业生本地就业率接近 60%，到中小微企业等基层服务的比例保持在 60%以上；四分之一的毕业生到西部地区和东北地区就业。高职教育对于扩大就业和促进学生发展的作用日益显现。

2. 高职教育专业的职业类型

按照《普通高等学校高等职业教育专科（专业）目录（2021 年）》（以下简称《目录》），高等职业专科学校的专业分为专业大类、专业类和专业三级，其专业代码统一按 6 位数编排：第 1—2 位数为专业大类顺序码；第 3—4 位数为专业类顺序码，按照专业目录框架专业大类中专业类的先后顺序编排，三个层次采用相同代码；第 5—6 位数为专业顺序码。高职专科专业大类使用衔接的“41—59”字段，同一专业类采用同一专业类顺序码，为三个层次职业教育专业。

高等职业学校的专业基本涵盖了第一、第二、第三产业的各个领域，共有农业、工业、服务业等 19 个专业大类，97 个专业类，744 个专业；三大产业相关专业数比例为 6.8∶39.4∶53.8，符合我国产业结构人才需求。新《目录》中“主要对应职业类别”项根据《职业分类大典》中的小类，主要对应的职业类别 291 个，占全部 434 个小类的 67%，基本覆盖了适合高职学校毕业生就业的职业类别，高职学校的专业与职业类型及社会需求基本一致，即专业决定未来的社会职业类型。高职学校专业中衔接中职专业 306 个，接续本科专业 344 个，也为职业院校学生今后的继续学习与职业生涯更好发展指明了方向。

3. 高职教育专业的职业特点

（1）区域性

高职教育办学具有明显的区域性。所谓区域性，主要是指职业教育为区域办教育和依靠区域办教育。区域高职学校办学的目的是为满足区域经济发展需求而培养高等职业技术人才，是以就业为导向的市场竞争机制办学。区域高职学校针对区域岗位需求状况，调整专业设置以及专业方向，修订教学计划，改革教学内容、课程体系和教学方法，以更好地服务于地方经济社会发展。目前区域高职学校占我国高职学校的50％以上。

（2）专岗性

所谓专岗性，是指职业教育是专业教育或专门教育，是培养某一职业领域专业人才的教育。这个特点主要是相对于普通基础教育而言。职业教育偏重理论的应用、实践技能和实际工作能力的培养，是培养与一线岗位对口性较强的技术人员、管理人员、技术工人、新型农民以及其他劳动者。

我国发展职业教育，坚持以服务为宗旨，以就业为导向；对职业教育办学模式上提出加强产学合作，实行“订单式”培养，加强实践性环节，更加突出了职业教育的专业特色。

（3）技术性

所谓技术性是指学生所掌握的具体生产技能、技术与岗位所需的专业技能、技术高度符合。职业教育的人才培养目标特色就是技能型、技术型人才的培养。因此，高等职业教育实行校企合作，在校内建有实训基地，注重生产的模拟和流水线的仿真操作，到校外企业进行综合实训，顶岗实习体验实际生产的理论应用，提高专业技能、技术的能力。

二、国外高等学校劳动教育的发展与特征

（一）国外高等学校劳动教育的发展

20 世纪 80 年代中期，许多发达国家开始进行面向 21 世纪的课程改革。这次世界性的教育改革，其共同特点是整个教育内容为适应社会科技文化进步和劳动世界需要而转变，加强道德、情感和劳动技术教育。各国纷纷开始将技术和生产劳动引进学校，使之成为整体课程设计中的内容。

虽然世界各国设置劳动技术课程的名称和内涵各不相同，但大都包括劳动教育和技术教育两个方面。随着现代科学技术的迅速发展，世界各国劳动技术教育的核心也越来越趋于一致——提高学生的技术素养。技术素养教育的提出，不仅在内涵上包含了最初劳动技术教育课程层面上的劳动教育和技术教育，更是在外延上进行了拓展。

（二）国外高等学校劳动教育的特征

1. “以生为本”的劳动教育

通过劳动教育培养学生的生活自理自立能力。美国高校主要是以学生发展理论为指导开展大学生劳动教育，主张“以生为本”，重视培养学生的独立能力，减轻他们对家长的依赖，通过强化“自我教育、自我管理、自我服务、自我监督”，让学生在应对挑战的同时，实现自我价值和完全独立。美国的劳动教育突出地表现为独立适应社会的生存能力培养，“想花钱自己挣”的观念早已植入学生心中，学生通过做家务、修草坪、送报纸、刷盘子等挣零花钱，高校的学生利用业余时间和假期打工挣得学费、生活费，在劳动中获得自信感、幸福感和责任感。而日本“生活本位”的劳动教育理念，强调家庭、学校、社会三位一体的多途径劳动教育，学生在家庭做自己力所能及的事情，比如做饭、打扫卫生、种菜养花等，培养生活自理、生存自立的能力，学校设有专门的劳动教育课程，如家政学课、环境净化与美化课及各种专业技能课等，组织社会实践活动、志愿者体验活动。

2. “就业目的”的劳动教育

劳动教育主要是以就业为目的。通过劳动教育培养学生的专业劳动技术、技能，为岗位培养专业人才。20 世纪 70 年代，美国有 1/3 的高中生在读完高中后，既无法接受高等教育，也没有获得谋生所需的一技之长，因此，美国国会通过了《生计教育促进法》，拨款对学生实施生计劳动教育，学生对选定的职业进行深入研究，并通过增加访问、见习、实际操作的机会，积累实践经验，深化对职业的认识，通过劳动教育使学生掌握专业技能，为职业选择做准备。德国高校的劳动教育更是与专业相结合，突出专业技术、技能的培养。德国高等职业教育中实行“双元制”教育模式，学校的理论教育与企业培训的实践教学交替进行，以提高学生的专业技术、技能。

3. “公民素养”的劳动教育

许多国家进行公民劳动教育，常见的方式是“志愿服务/社区服务”与“服务学习”。服务学习是从 20 世纪 60 年代开始在美国兴起的。1969 年，美国南部地区教育委员会、亚特兰大市政府和亚特兰大城市联盟等联合召开会议，讨论服务学习在教育领域的重要性。会议达成了三点共识：第一，学校必须鼓励学生参与社区服务，并对服务学习给予认可；第二，学校、民间组织、联邦和州政府必须为学生提供参与服务学习的机会和专项资金；第三，学生、教师必须参与服务学习的规划与实施。在民间的推动下，1990 年 2 月，时任总统布什签署了《国家与社区服务法》，首次在法律上明确了服务学习的地位。1993 年 3 月，时任总统克林顿签署了《国家与国家服务信托法》，规定联邦政府对开展服务学习给予资金支持，鼓励政策制定者、学校和民间组织探索新的合作方式，把学生与学校、社会重新联系起来。上述法案的颁布，提高了服务学习的地位，使服务学习有了稳定的资金来源，极大地推动了服务学习的发展。现在美国每个州都开展服务学习，有些州还将其作为公民教育计划的组成部分，并把它作为从学校毕业的基本条件之一。

美国很多学校都会因地制宜开展社区志愿服务活动，如为正处于康复期家庭提供服务，清洁社区，与残疾学校的学生联谊，为弱势群体发起捐献生活物品活动，回收废物，为疗养院制作装饰品，为残疾儿童制作圣诞卡，宣传禁烟，等等。这些活动使学生变得更加具有同情心和责任感。

如新泽西理工学院在每学年的春假、暑假、寒假甚至周末假期都会开展“假期项目”，安排学生去校外考察，让学生与被服务者短期内近距离地生活在一起，合作应对当地社区亟须解决的问题，如饥饿问题、艾滋病问题、流浪失业人员问题、环境问题、女性问题和经济复苏问题。普林斯顿大学的工程学教授曾带领一群学生开展贫困社区家庭节能项目，该小组向社区居民传授如何利用太阳能节约家庭燃料开支。通过社区参与，学生不仅学会了将课堂上所学的理论应用于解决实际问题，还懂得了在学校里学到的知识对于环境和人类社会发展的影响，强化了自己的公民责任意识。

三、我国高等学校劳动教育的发展与特征

（一）我国高等学校劳动教育的发展

我国是从 1984 年 4 月才开始正式使用“劳动技术教育”这个课程名称。我国学者对劳动教育的研究早期主要集中在 20 世纪 80 年代，劳动教育的研究对象主要是中小学生，对于大学生劳动教育则研究比较少，职业教育学校的劳动教育研究就更少了。到了 2008 年，教育界对大学生劳动教育问题研究进行了热烈的讨论，但高职学校劳动教育课程的开发研究仍是弱项。

高职教育阶段的劳动教育主要是开设劳动技术课程，学生在教育者的引导下，通过独立活动或者与他人合作，在设计、制作、使用与维修等一系列劳动体验、专业实践和实际探究的技术活动过程中学习技术知识，掌握技术操作，增强技术意识，提高劳动技术素养。

党的十八大以来，党和国家对于劳动和劳动教育的重视程度日益提高。为构建德

智体美劳全面培养的教育体系，2020 年 3 月，中共中央、国务院印发了《关于全面加强新时代大中小学劳动教育的意见》，对新时代劳动教育做出了顶层设计和全面部署，劳动教育迎来了历史性的春天。

2020 年 7 月，教育部印发了《大中小学劳动教育指导纲要（试行）》（以下简称《指导纲要》），提出在大中小学设立劳动教育必修课程。职业学校开设劳动专题教育必修课，不少于 16 学时；高等学校要将劳动教育纳入专业人才培养方案，明确主要依托的课程，可在已有课程中专设劳动教育模块，也可专门开设劳动专题教育必修课。因此，高等学校劳动教育亟须开发教育课程，以促进职业学校劳动教育的实施。

（二）我国高等学校劳动教育的特点

中国高等学校劳动教育历经了曲折而艰辛的发展道路，其中突出的特点是阶段性、体系性 、核心性、时代性。

1. 劳动教育的阶段性

不同的历史时期，劳动教育的目的有所不同。例如，改革开放以前，高等职业学校劳动教育主要是劳动与生产相结合；改革开放以后，劳动教育成为对学生进行思想政治教育的重要途径。高校劳动教育，尤其是职业高校更注重职业化、专业化的劳动实践，多关注生产技术、生产工艺等的更新发展。新时期劳动教育确立了“育人为本，德育为先”的标准，劳动教育更加强调劳动价值观、劳动态度和劳动品格的塑造，培养受教育者的劳动素养，进而在全社会形成积极向上的劳动风尚。

2. 劳动教育的体系性

中共中央、国务院发布的《关于全面加强新时代大中小学劳动教育的意见》中指出，劳动教育是国民教育体系的重要内容，是学生成长的必要途径，具有树德、增智、强体、育美的综合育人价值。各级各类学校要设劳动教育必修课，实施劳动教育重点是在系统的文化知识学习之外，有目的、有计划地组织学生参加日常生活劳动、生产劳动和服务性劳动，让学生动手实践、出力流汗，接受锻炼、磨炼意志，培养学生正确劳动价值观和良好劳动品质。因此，劳动教育成为独立学科，构建独立的教学体系，劳动教育的效果更好地发挥在高等教育人才培养的各个环节中，也是落实在“三全育人”的教育体系中。

3. 劳动教育的核心性

2018 年 5 月 2 日，习近平总书记在北京大学师生座谈会上指出：“要把立德树人的成效作为检验学校一切工作的根本标准。”立德树人是教育的根本。新时代构建德智体美劳全面培养的教育体系，劳动教育作为全面教育体系的重要组成部分，承担着立德树人的重大使命。加强高校劳动教育可以帮助大学生提升劳动技能，培养劳动态度、劳动习惯和劳动品德，为其以后的工作和生活奠定坚实的基础；能促进学生知、情、意、行的转化，使得学生在实践中强化对社会主义核心价值观的认同。

4. 劳动教育的时代性

劳动创造了人类，人类劳动推动了社会发展。目前我国处于新时代中国特色社会主义发展时期，更是由“中国制造”向“中国创造”转变的时期。新时代要求新发展，而新发展最大的动力是劳动。只有劳动才能实现个人的发展、社会的发展。高校学生是祖国的未来，是建设中国、实现百年奋斗目标的国家栋梁，是实现中国创造的主力军；而高等学校的学生更是各行各业生产建设一线的技术力量，肩负着国家富强、民族复兴的重任。因此，高校劳动教育是实现中华民族伟大复兴中国梦的现实需求，具有现实的时代性。

第三节　高等职业学校劳动教育的类型

《关于全面加强新时代大中小学劳动教育的意见》指出：“加强政府统筹，拓宽劳动教育途径，整合家庭、学校、社会各方面力量。家庭劳动教育要日常化，学校劳动教育要规范化，社会劳动教育要多样化，形成协同育人格局。”“根据教育目标，针对不同学段、类型学生特点，以日常生活劳动、生产劳动和服务性劳动为主要内容开展劳动教育。结合产业新业态、劳动新形态，注重选择新型服务性劳动的内容。”这充分说明不同类型的劳动教育，对学生劳动精神面貌、劳动价值取向和劳动技能水平影响深远。了解高等学校劳动教育的类型对劳动教育的进一步实施意义重大。一般来说，高等职业学校劳动教育根据劳动教育的内容，可分为生活劳动教育、生产劳动教育、服务性劳动教育和专业性劳动教育四种类型。

一、生活劳动教育

生活劳动教育是指对学生开展以个人生活事务处理为主要内容的劳动教育。要在劳动教育中结合开展新时代校园爱国卫生运动，注重生活能力和良好卫生习惯的培养，让学生树立自立自强意识。生活劳动教育包括家庭生活劳动教育、校园生活劳动教育和社会生活劳动教育。

（一）家庭生活劳动教育

家庭生活劳动教育是指家庭成员为了维持正常生活而付出的没有报酬的劳动，是无偿劳动的一种类型。包括为自身提供的家庭生活劳动和为家庭成员提供的无偿护理劳动，如洗衣做饭、照看孩子、购买日用品、清洁卫生、照顾老人或病人等。

参加家庭生活劳动，可以使青少年学生提高劳动素养，促进积极的劳动态度和良好的劳动习惯的养成，培养热爱劳动、自觉劳动的意识。目前，我国多为独生子女家庭，呈现“六管一”的现象，有些家长只关心孩子的学习，而忽视了家庭生活劳动教育，除了学习，孩子在家不承担任何家务劳动，导致一部分学生从小劳动积极性很差，缺乏最基本的劳动习惯，孩子的劳动价值观出现偏差。因此，对学生进行家庭生活劳动教育，应该从小抓起，从生活自理劳动做起；家长、老师须有目的、有计划地让学生参加家庭生活劳动，在成长的不同阶段承担不同的家务劳动项目，培养劳动习惯，树立爱劳动的观念。

（二）校园生活劳动教育

校园生活劳动教育是指学校开设的生活劳动教育课以及为了维持良好校园生活环境而付出的必要劳动，包括课堂生活劳动教育和课外生活劳动教育两部分。

1. 课堂生活劳动教育

课堂生活劳动教育实现的主要形式是劳动课，包括家政劳动课、生活劳动技能课、劳动艺术课等。家政劳动课是让学生掌握生活技能，以提高学生的生活能力与服务能力。生活劳动技能课可以学习工农业相关知识，比如学习种植花草植物或蔬菜的常识、学习饲养小动物、维修小家电或日常用品等的技能。劳动艺术课能挖掘学生的艺术细胞，让学生在劳动中感受艺术的美，比如学习剪纸艺术、插花艺术、创意编织、最美摄影等，让学生通过劳动感受艺术美、创造艺术美。

2. 课外生活劳动教育

课外生活劳动教育主要包括个人生活活动和环境卫生扫除。个人生活活动包括个人卫生、洗衣、整理个人物品等，锻炼学生集体生活适应能力，形成良好的个人卫生习惯。环境卫生扫除包括教室卫生、宿舍卫生和校园卫生扫除。教室是学生主要的学习场所，其卫生需要每个学生进行打扫和维持，每个班都会制定一个值日表，每天安排学生进行打扫，共同维持一个干净整洁的环境。宿舍是学生日常生活的场所，学生课外的大部分时间是在宿舍，宿舍卫生需要宿舍成员共同维持。校园卫生扫除包括公共场所清洁、校园绿化、垃圾分类等，需要每个人去维护。

（三）社会生活劳动教育

社会生活劳动教育是指利用自己的业余时间，为他人、为社会提供的生活劳动。可以使学生了解社会、走入社会、服务社会，增强责任意识和劳动意识，培养乐于奉献的精神。

社会生活劳动教育是通过学校联系的需要帮助的社区而开展的。有社区志愿劳动、环保志愿劳动、应急救灾、疫情防控志愿劳动等。社区志愿劳动主要指学生到敬老院、社区独居空巢老人家进行生活照顾，力所能及地帮助老人们解决生活中的困难，利用所学知识进行法制宣传预防网络诈骗，维修小家电等。环保志愿劳动主要指植树造林、绿化祖国、美化环境、污染预防等环保方面的志愿劳动，宣传垃圾分类的知识，防止环境污染，进行清扫落叶、捡拾垃圾等活动来美化环境。应急救灾、疫情防控志愿劳动，主要指针对洪涝、泥石流、地震等自然灾害和新冠肺炎疫情防控等开展的志愿劳动，如利用所学的专业知识提供心理调适、医疗卫生服务等。

二、生产劳动教育

生产劳动教育是让学生参与农业、工业、服务业生产活动，从而体验物质财富的创造过程，让学生学会使用农业、工业、服务业生产过程中的劳动工具，经历从简单劳动向复杂劳动、创造性劳动的递进过程。通过参与生产劳动，使学生掌握一些农业、工业、服务业生产相关知识与技术，进一步感受劳动创造价值的意义，体会平凡劳动中的伟大。

（一）农事类生产劳动教育

第一产业广义上是指农、林、牧、副、渔五种产业形式；狭义的农业是指种植业；它是国民经济的基础。农事类生产劳动与人们的生活密切相关，人们的衣食多来自农业生产劳动的成果。因此，第一产业生产劳动教育是基础性的生产劳动教育。农业是利用动植物的生长发育规律，通过人工培育来获得产品的产业，包括生产粮食作物、经济作物、饲料作物和绿肥等农作物的生产活动。农业生产是最基本的劳动，是人们赖以生存的劳动。对学生进行农业生产劳动教育，旨在让同学们积极参加农业生产劳动，去了解种植、养殖过程，体会劳动的艰辛，尊重劳动，珍惜劳动成果，培养不怕吃苦、勤俭节约的精神。

（二）工业类生产劳动教育

第二产业是指采矿业，制造业，电力、热力、燃气及水生产和供应业，建筑业。工业是第二产业的组成部分，是对自然资源的开采、采集和对各种原材料进行加工的社会物质生产部门，分为轻工业和重工业两类。工业生产劳动教育主要是通过校企合作、专业实训、企业实践、工厂劳动等，进行工业产品加工制造乃至产品创造。参加工业类劳动，可让学生理解岗位职责，树立工匠精神，培养团队意识，提高创新能力。

（三）服务类生产劳动教育

服务业包括：①流通类：商业、餐饮业、通讯业和交通运输业。②生产和生活服务类：金融业、保险业、房地产管理业、公用事业、居民服务业、旅游业、信息咨询服务业和各类技术服务业。③为提高科学文化水平和居民素质服务类：教育、文化、广播、电视、科学研究、卫生、体育和社会福利事业。④公共服务类：国家机关、政党机关、社会团体、警察、军队等。

服务类生产劳动教育是指在从事服务生产和经营活动过程中，劳动者运用特定设备和工具，直接满足消费者对服务产品的需要的劳动教育。高职学校服务类生产劳动教育项目，一般是在饭店为顾客制作食品、在成衣店为客户加工衣服、义务理发等活动。参加第三产业服务类生产劳动，可让学生进一步了解服务业的现状，掌握必要的劳动技能，增强社会服务意识，提高个体社交与沟通能力。

三、服务性劳动教育

服务性劳动教育是指让学生接触社会、深入社会、服务社会，组织学生参加各种公益性劳动，用所学到的知识提供服务，不断提高实践能力与道德修养，培育为人民服务、为公众谋利益的良好品德。服务性劳动教育会随着产业新业态，劳动新形态、新内容的发展而调整劳动实践项目。

（一）校园服务性劳动教育

校园服务性劳动教育指在学校内组织的义务劳动等，比如校园净化、绿化美化、与劳动有关的社团活动、劳动周等。参加校园服务性劳动，可让学生爱护环境，热爱劳动，增进友谊，体会校园文化，增强集体荣誉感，树立我爱我校的精神。

（二）社会服务性劳动教育

社会服务性劳动教育是不谋私利、不计报酬、直接服务于社会的义务劳动。学校可根据教学安排，定期组织学生参加农业生产劳动、工业实践体验、商业和服务业实践和教学实习实践等服务劳动。参加社会服务性劳动，可使学生养成尊重劳动、热爱劳动的习惯，培养学生的组织能力与奉献精神，锻炼学生的交际能力和与人合作的能力，培养学生的竞争意识和开拓进取的精神。

（三）国家公益性劳动教育

国家公益性劳动教育属于社会公益性劳动教育，是国家级政府性公益性活动。高职学校组织、鼓励和支持学生以不同的形式参与救灾、支边、扶贫等活动。几十年来，党中央、国务院对援藏、援疆制定了一系列特殊政策和优惠措施，引导和鼓励高校毕业生到西部去、到基层去、到祖国最需要的地方去。通过落实“三支一扶”计划（支教、支农、支医、扶贫），为偏远山区脱贫提供志愿者公益性服务，锻炼学生吃苦耐劳，培育新时代大学生的正确人生观和价值观，为实现中华民族伟大复兴的中国梦培养合格接班人。

四、专业性劳动教育

教育部印发的《大中小学劳动教育指导纲要（试行）》中指出，普通高等学校要将劳动教育有机纳入专业教育、创新创业教育，不断深化产教融合，强化劳动锻炼要求，加强高等学校与行业骨干企业、高新企业、中小微企业紧密协同，推动人才培养模式改革。

专业性劳动教育是结合专业特点对学生开展劳动教育，将所学专业与劳动教育有效结合。专业性劳动教育以专业为载体，培养学生的专业劳动情感、专业劳动能力和专业劳动品质。专业性劳动教育包括实习实训劳动教育、专业社会实践劳动教育和专业公益性劳动教育。

（一）实习实训劳动教育

教育部职业院校文化素质教育指导委员会印发的《职业院校在实习实训教学中强化劳动教育的实施办法》中指出，要把劳动教育纳入人才培养全过程，以实习实训课为主要载体开展劳动教育，积极发挥学校、企业、社会协同育人的作用。

专业实习实训全程注入劳动教育元素，遵循技术技能型人才培养的规律，按照整体性、应用性和递进性原则，科学设置实习实训类课程，根据教育部颁布的专业教学标准、1＋X证书要求、行业企业用人需求和新技术、新工艺、新规范的发展趋势，及时更新实习实训教学内容，加强综合性实践项目的开发和应用，将学科竞赛、创新创业、社会调查与社会实践等纳入实习实训教学体系，形成科学合理、系统优化、便于实施的实习实训教学方案，将劳动教育融入教学规范、质量标准和考核办法，使实习实训教学成为学习劳动知识和技能的主课堂，真正做到教育与生产的结合、职业技能与职业精神的融合。在实习实训劳动教育过程中弘扬劳模精神和工匠精神，教育引导学生爱岗敬业、崇尚劳动、尊重劳动，进行创造性劳动；增强劳动法律意识，保护自身劳动合法权益。

（二）专业社会实践劳动教育

广义的社会实践是讲人类认识世界、改造世界的各种活动的总和。狭义的社会实践即假期实习或是在校外实习。专业社会实践劳动教育有利于在校大学生对本专业的认知，合理进行职业生涯的规划，为走向社会进入职场做准备。

在校勤工俭学、家教、零工等更侧重经济利益，是一些家庭困难学生的首要选择。具有一定经济基础的学生选择做专业公益性社会实践活动，既提高专业技能，又能锻炼社会适应能力，同时培养奉献精神。更多学生则倾向于选择和专业相关的单位实习（包括有偿和无偿）。参加实习单位的专业实践劳动教育活动，注重的是岗位能力培养，增加择业机会，提高就业竞争优势。

（三）专业公益性劳动教育

公益劳动是指以专业知识与技能服务于社会的各项公益事业、不取报酬的劳动。学校劳动技术教育和学生社会实践目的在于培养学生为人民服务、为公众谋利益的良好思想品德。学校组织学生深入社会，参加各种专业公益性活动，主要内容包括工农业生产劳动和各种服务性劳动，如义务汽修、敬老院义护、慰问演出、边区支教等，根据学生所学专业知识与技能，从实际情况出发，力所能及地开展专业公益性劳动教育。

第四节 高等职业学校劳动教育的特点与规律

高等职业学校人才培养的目标是培养适应一线需要的高素质技能型专门人才，高职毕业生必须具备吃苦在前、享乐在后，艰苦奋斗、爱岗敬业的精神。但是，受社会多元化价值观的冲击影响，有那么一些高职学生崇尚脑力劳动，轻视体力劳动，拈轻怕重，工作后频频跳槽……这在一定程度上反映了他们在劳动价值观、劳动情感和劳动精神等方面都存在问题。因此，高职学生要认清劳动教育的特点与规律，使自己做职业规划时有更加明晰的思路。

一、高等职业学校劳动教育的特点

高职学校进行劳动教育是我国社会政治经济发展的需要，这个阶段也是完善人的整体素质所必须经历的阶段，符合大学生身心发展的规律。加强与完善高职学生劳动教育，掌握高职学生劳动教育的特点是关键。

（一）复杂性

复杂性是高职学校劳动教育的基本特点。首先，教育的对象是复杂的，每个学生都是独特的个体，具有各自的特性，存在个体差异。其次，家庭环境背景不同，学习的主动性不同。高职学校的学生多数是当地或近地域的进城务工人员子女，有些家庭教育处于缺失状态。一些学生由隔代老人带大，表现为个性强，与人沟通及与人相处能力差，自我约束能力差，没有养成良好的学习习惯。再次，社会上存在着一些轻体力劳动，重脑力劳动，尤其是看不起普通劳动者的现象，一些学生受此影响，对劳动教育的认知存在误区，劳动价值观出现偏差。最后，学校教育经费的不足，影响了劳动教育的有效实施，专业实习、技能培训、第二课堂、社会实践等因经费的有限而落实不到位，大大削弱了劳动教育的价值意义。还有多种因素的影响，各种因素交织在一起，导致高等职业学校劳动教育的复杂性异常突出。

（二）实践性

劳动教育是以劳动为载体实现育人的目的，践行马克思主义的教育与生产劳动相结合的理论。高等职业学校人才培养目标是为生产一线培养高级专业技术人才，注重专业岗位的职业技能训练，专业的理论知识是以专业技能为基础的，职业教育离不开实验实训、课外实践、专业实习等实践活动，往往把课堂搬到车间、生产一线，“做中学、学中做”，体现出职教的实践性特点。苏霍姆林斯基曾经说，年轻人对劳动不能凭空产生热爱，只有通过劳动才能获得这个珍宝。只有在实践中亲手摸一摸、做一做，才能产生对事物的正确认知；只有掌握劳动实践技能，体会劳动的辛苦，才能感同身受地体会劳动成果的来之不易，明白实践出真知的道理。

（三）职业性

职业性又称职业特质，是指人与职业行为有关的差异性、内在的个人特点。当一个人的职业特质与职业方向相符合时，便会对职业产生更大的兴趣，能全身心地投入到岗位中，对职业的选择更加持久、耐职业能力强。职业性核心体现在对职业的守护以及职场规则的熟悉和熟练应用，首要标准就是职业适应能力的强弱。

高等职业学校从产生伊始，就与具体的职业要求乃至世俗生活紧密相连。随着高等职业教育的发展，职教对塑造人的精神世界的重要性不断凸显，职业性决定了高职学生的职业精神素养的诉求。高等职业教育以就业为导向，所培养的人才最终将面对具体的生产实践活动，它有特定的岗位要求、内容、情境等，要通过劳动教育培养学生健康和谐、富有个性的职业道德素养。如果脱离实践价值取向，必将造成职业道德的虚化和泛化，也就无法培养出具有适应工作岗位所需要的良好道德素养的人才，难以实现劳动教育的培养目的。职业性的实现，不再是简单的操作、规范等方面知识的传习，而是需要学生谙熟具体技能背后的知识逻辑，为实现职业创造的岗位变换提供丰富可能性。

（四）专业性

专业性是指具有非常鲜明的专业特征，通过系统的专业知识与技能的学习，拥有一定深度、广度的专业知识、技能。具备专业素质才能胜任专业职位，而专业能力与素质，只有在专业实践、专业实训、专业劳动教育中得到培养。

所有职业都有一定的专业要求，比如电子、金融、生物、化学。在这些专业中又有很多专业方向，比如电子行业要分为通信、电路、信息处理、微波专业方向等。从事这些专业方向的专业职位也就是专业技术岗位。专业性的核心体现在对某个领域/工作模块非常专业的知识体系和实际运作能力。先进技术与人工智能大量存在的社会生态环境，离不开与时俱进的专业技术性劳动教育。“互联网+”的社会生态环境要求教育改革传统教育思想，创新劳动教育的内容和方式。

按照劳动专业技术性特点的要求，高职学生应具备一定的专业理论知识、专业技能。高职学校可根据各专业的不同特点，组织一些有一定专业技术要求的复杂劳动，如汽车维修、数控机器操作、规划制图、作物种子繁育等。从事具有一定专业技术性的复杂劳动，有利于高职学生掌握相应的专业劳动技能，拥有一技之长，激发学生对专业学习的积极性，培育专业岗位精神。

二、高等职业学校劳动教育存在的问题

劳动教育缺失在高职学校较为普遍，具体表现在以下几个方面。

（一）劳动教育不实，内容创新性不强

劳动教育是学校教育的组成部分，是高职学校培养学生劳动技能和劳动价值观的重要途径，也是学生了解社会、融入社会、服务社会的一种教育方式。然而，由于受多种因素的影响，许多学校的劳动教育形同虚设，有的仅在课表上体现。即使已经开设的劳动教育课，课程内容也多是“大扫除”或为一些劳动提供免费的劳动力。

劳动教育的形式与内容存在滞后现象，与时代发展的要求不符。如打扫校园卫生、打扫教室卫生、打扫寝室卫生，参与学校的公益劳动，到孤儿院、敬老院也是大打除等活动。活动都是打扫卫生，内容单一，时效性低，缺乏时代性和新颖性，不能顺应大学时期学生的成长要求，严重影响学生劳动的积极性，不利于劳动教育的实施。

许多学校开展的劳动教育目标不明确。要么是单纯的体力劳动活动筋骨，要么是专项劳动技能或劳动技术的传授，没有注重劳动育人的功能，没能把劳动技能教育、劳动价值观教育和劳动精神教育有机融合在一起，真正实现劳动教育的育人功效。

（二）劳动教育体系不健全，评价体系不完善

科学完整的劳动教育评价体系，是人才培养标准中必不可少的一部分，而当前的劳动教育中，轻视劳动教育的标准建设，缺乏评价标准也是一个突出问题。多数高职学校没有制定明确的劳动教育方案，缺乏劳动教育专职教师，缺少劳动教育教材，劳动教育资金与实践的投入不够等。第一课堂一直以来都是高职人才培养方案的重中之重，而隶属于第二课堂的劳动教育通常处于从属地位，这就使得在资金的划拨、分配及政策杠杆方面都在向着第一课堂倾斜。另外，劳动教育的保障、激励机制不完善，劳动教育评价体制不健全。高校人才培养方案中学分设置和考核上普遍缺少劳动教育内容，而考核机制对学生而言恰恰就是其努力的风向标。对学生的劳动评价流于表面、流于形式；评价仅限于参加的次数，次数够就可以获得相应的劳动学分；缺少过程评

价、质量评价、态度评价，只有教师评价，很少有自评和第三方评价；劳动教育的成效难以达到准确的评价与育人的目的。

（三）大学生劳动意识不强，劳动价值观不正

传统意识中的轻体力劳动重脑力劳动，导致如“劳心者治人，劳力者治于人”等错误倾向；应试教育倡导“万般皆下品，唯有读书高”，学校习惯于将劳动作为学生违纪的教育惩戒手段。因此，劳动偏离了其教育的本意和初衷，劳动对学生失去了教育的意义，没能让学生建立正确的劳动观。目前的高职学生多数是独生子女，“眼中无活儿”，家务劳动家长全部承担，在校生活自理能力很差，打扫公共卫生的意识基本没有，参加劳动教育课活动缺乏主动性，劳动意识较弱。

（四）劳动教育专职教师缺乏

目前，高职学校缺乏优秀的专职劳动教育团队。人们习惯地认为劳动教育只是简单的体力劳动，不需要专职教师。这种人人皆可为师的观点，忽视了劳动教育师资的培养，导致劳动教育专职教师的缺乏。高等学校需要培养一支思想政治素养高、业务工作能力强、充分掌握劳动教育特点和方法，在劳动教育教学过程中，不仅能传授劳动知识与技能，而且能进行劳动思想教育、培养学生正确的劳动价值观的专业教师队伍，以保证劳动教育长期有效地实施。

三、高等职业学校劳动教育的原则

高等职业学校劳动教育应结合职业教育特点，遵循职业教育规律，在遵循中共中央、国务院《关于全面加强新时代大中小学劳动教育的意见》提出的基本原则基础上，注意以下具体原则。

（一）差异性原则

差异性是指高等职业学校学生的个体的差异性和专业的差异性。学生个体差异性主要体现在家庭背景、自身性格、基础教育环境等；而专业的不同则表现为岗位的职责、技能等的差异性。这也体现了劳动教育的因材施教。

高职学校劳动教育重在为生产一线培养高级专业技能型人才，培训学生具备基本的技术处理能力，以适应未来的职业生活、家庭生活和社会生活。从本质上讲都是劳动技术教育。首先，从受教育的对象看，高职学校的学生学习态度、生活习惯、自控能力及人生观、世界观、价值观等方面互不相同，有的学生“三观”是积极的、向上的，看问题全面，有自己的独立见解，不人云亦云；有的学生“三观”比较模糊，没有成熟的思维方式，看问题片面，容易偏激，爱人云亦云。其次，从专业教育内容和目的来看，高职学校的职业劳动教育根据不同的专业内容而进行，即使相同的专业，所学方向不同，专业劳动内容也不尽相同，劳动教育目的更多是为了就业。服务性专业注重服务意识、个人素质、无私奉献的精神品质培养，生产性专业注重团结精神、工匠精神、辛勤劳动、创新劳动品质培养等。这就导致高职学校劳动教育专业的差异性，需针对不同专业制定不同的劳动教育方案。

（二）渐进性原则

渐进性原则是指劳动教育的教学内容、教学方法和运动负荷等科学性安排，遵循由易到难、由简到繁、逐步深化提高的原则。人们对客观事物的认识，有一个由简到繁、由低级到高级、由直观到抽象的循“序”过程。因此，高职劳动教育要遵循渐进原则，教学内容既要符合学生身心发展的基本规律，又要符合教学学期阶段要求。

高职学校劳动教育管理的科学性集中体现为循序渐进。鉴于学生年龄特点、发展与知识水平，此阶段的劳动教育自觉性逐渐增强，也是知识转化为技能的时期。高职学生世界观、人生观、价值观已趋于成熟，渴望拥有一个展现自我的平台，希望学校、社会能够给他们提供展示自我的机会。高职学校学生劳动教育的开展，需要从基础劳动教育到专业性劳动教育、由常规劳动教育到创新性劳动教育、由校园劳动教育到社会劳动教育直至岗位劳动教育，劳动教育的实施符合人的认知与行动的渐进性规律，既可以提升大学生的劳动能力、实际操作能力以及理论与实践相结合的能力，也符合大学生自身社会化发展的内在需要，顺应大学生成长、发展的规律。

（三）启发性原则

启发式原则是以学生为主体的教学原则，重在激发学生的学习积极性，提高学生的主动参与性，在让学生掌握知识与技能的同时，培养学生的创新能力。在具体劳动教育过程中，创造情境调动学生的主动参与性，激发学生的自主学习热情，提高学习兴趣；设置疑问激发学生的好奇心和求知欲，遇到问题运用研讨的方式方法，培养学生的创新能力。

劳动教育启发性原则的基本要求：劳动教育的目的要明确，以开发思维活动为主，教学以学生为主体，激发学生的内在学习动力。高职劳动教育要结合专业特点，进一步深化产教融合、校企合作，依托原有基础，内建外联，适应产业变革，实习实训劳动教育中，重视新知识、新技术、新工艺、新方法应用，指导学生创造性地解决实际问题；不断改进劳动教育方式方法，开发探索性劳动教育、创造性劳动教育，调动学生的劳动积极性，激发学生的劳动思维，提高学生劳动创新创业能力。

（四）协同性原则

协同性原则是指学校、社会、家庭、学生组成的“四位一体”协同劳动育人的原则。学校实行产教融合、校企合作、工学结合、知行合一的教学模式，做到学校、企业、社会协同培育新时代社会主义优质人才。另外，利用节假日、寒暑假组织社会实践、生产劳动、公益活动，由学校、社会和家庭共同对高职学生劳动教育进行监督实施，达到协同劳动育人的目的。

高职学校要实行开放式多维度办学模式，把劳动教育贯穿于整个教学过程中，并纳入教学质量监控体系，尤其是在专业实训、企业实践阶段，加强企业与社会的协同教育；学校与实习实训单位共同管理，通过在线监控、定期检查、实地观察、资料抽查和学生评教等方式，对实践教学过程与教学成效进行全方位、全流程、实时动态化的过程管理。要在实习实训中强化劳动流程、劳动标准、劳动检查等制度的学习，通过劳动工具的改进、劳动组织方式的优化、新技术在传统劳动中的运用，增强对劳动观念、劳动习惯、劳动制度、劳动过程与成果的思考和劳动精神的培养。学生可以在企业师傅指导下参与企业生产和技术创新，培养专业创新意识。要坚持“三全育人”“四位一体”协同劳动教育育人的原则。

（五）安全性原则

安全性原则是指学生在劳动过程中注意排查一切安全隐患，避免出现安全事故。在进行劳动教育之前，应对学生进行安全教育，提高学生的安全意识；对劳动环境进行安全隐患排查；建立劳动教育安全管控机制、风险分散机制，完善安全预案、应急及事故处理等制度。确保劳动教育安全进行是高职学校劳动教育的重中之重。

随着校园对社会的开放程度越来越高，高职学校的学生所面临的各种不安全因素在逐年增多，受到的非法侵害案件和有关安全事故数目也在逐年上升。高职学生出现意外事故，不仅个人的学业、身心健康受到影响，还会给家庭带来不安和痛苦。因此，高职学校要开设安全教育必修课程，如劳动法律法规、就业指导、职业生涯规划等，让学生学习有关安全法规与安全专业知识，了解劳动合同订立的基本规定，劳动合同的履行、变更、解除与终止，劳动争议的处理等；有针对性地开展学生实习实训权益保障、学生劳动权益保障、工伤权益保障、劳动报酬权益保障、休息休假权益保障、就业权益保障方面的劳动法律知识指导等，对学生进行系统的安全教育。

学生参加跟岗实习、顶岗实习前，学校须对实习单位进行实地考察评估并形成书面报告。学校、实习单位、学生三方应签订实习协议，明确各方的责任、权利和义务，协议约定的内容不得违反相关法律法规，切实保障学生权益，防范和化解劳动风险。实习单位应当会同学校对实习实训的学生进行安全防护知识、岗位操作规程的教育和培训，并进行考核，强化实习实训学生劳动教育保护，增强学生安全生产、文明生产的意识，确保学生在履行岗位职责的同时，维护自己的合法权益。

四、高等职业学校劳动教育的评价

（一）劳动教育评价的内涵

1. 教育评价的渊源

1981 年，美国学者斯派蒂首先提出成果导向教育（Outcome-Based Education，简称为 OBE）理念，它以教育目标分类、精准教育、能力本位教育等为理论基础，重点强调以预期学习成果（Learning outcomes）为导向来组织、实施和评价教学过程，其内涵是学生应取得的学习成果被事先确定，教学目标、过程和手段都是为了有效帮助学生取得这些学习成果。

OBE 实施“评价即学习”的评价理念，主张建立多元化的评量机制，让学生能以多种方式呈现自己所取得的学习成果。基于此，“成果导向教育”理念下的考核与评价聚焦于学习成果本身，是旨在“立足过程、促进发展”的多元化考核评价，其特点为：根据学生的个体差异制定个性化、多元化的评价方式，评价结果由达成最高绩效成就的标准和内涵来反映；采用关注学生学习全过程的行程性考核方式，注重学生基于自身水平的成长和进步状况，侧重对学生个体的学习成果进行纵向比较，而不是学生之间的横向比较。

基于 OBE 理念构造高职劳动教育考核与评价标准体系，搭建一整套科学完整的劳动教育考评体系框架，可为提高高职劳动教育质量、培养学生树立大国工匠精神、培养社会主义的合格建设者和可靠接班人提供重要保障。

2. 劳动教育评价

劳动教育评价以学校为评价主体，涵盖家庭、社会评价与个人自评结果。构建学校评价体系，既要有劳动教育理论课的考核，也要有学生参加实践教学的评价，还要有学生参加社会实践活动的评价。理论课由劳动教育专任教师考核，实践教学由专业课教师、实习实训指导教师和企业考核，社会实践活动由学工、团委、第三方等部门评价，并将劳动素养纳入学生综合素质评价体系。评价体系应涵盖劳动时间、次数，劳动态度，劳动技能水平，劳动成果，创造能力等。科学的劳动教育评价体系，能确保高职学校劳动教育的实效性，真正做到“劳有所教”“劳有所范”。

（二）高等职业学校劳动教育评价的内容

劳动教育评价同样需要协同进行，由家庭、学校、社会联动，各自发挥评价主体作用。家庭评价主要由父母完成，学生在寒暑假及节假日回家，学校和家长应联合提出劳动要求，布置劳动任务，客观记录、评价其劳动过程和效果，并将记录、评语交给学校辅导员。社会评价主要由学生参加劳动所涉及的企业、社区街道、群团组织及其他社会组织完成，学校要做好沟通，需要社会评价各主体记录劳动过程，写出评语，并反馈给学校。高等职业学校劳动教育评价的内容包括以下三个方面：

1. 平时表现评价

要在平时劳动教育实践活动中及时进行评价，以评价促进学生发展。要覆盖各类型劳动教育活动，明确学年劳动实践类型、次数、时间等考核要求。关注学生在劳动教育活动中的实际表现，注重从行为表现中分析把握劳动观念形成情况。以自我评价为主，辅以教师、同伴、家长、服务对象、用人单位等他评方式，指导学生进行反思改进。要指导学生如实记录劳动教育活动情况，收集整理相关劳动佐证资料、作品等，选择代表性的写实记录，纳入综合素质档案，作为学生学年评优评先的重要参考。

2. 学段综合评价

学段是某一特定学习阶段的简称，主要适用于较短的学习区间，是改革开放以来学校盛行的年级组管理体制的产物，例如大学一年级学段。学段结束时，要依据学段目标和内容，结合综合素质档案分析，兼顾必修课学习和课外劳动实践，对劳动观念、劳动能力、劳动精神、劳动习惯和品质等劳动素养发展状况进行综合评定。建立诚信机制，实行写实记录抽查制度，对弄虚作假者在评优评先方面一票否决，性质严重的应依法依规严肃处理。在大学里开展志愿者星级认证，一般高职学校把劳动教育考核结果作为毕业依据之一。将学段综合评价结果作为学生升学、就业的重要参考。

3. 劳动素养评价

基于学生的综合素质档案和劳动实践，综合评定学生在某一个学习阶段的劳动素养发展状况。劳动素养是劳动者在劳动过程中与之相匹配的劳动心态和劳动技能的综合概括，是衡量劳动者能否完成某对应性工作的最根本、最直接的工作能力指标。要将学生劳动素养监测纳入基础教育质量监测、职业院校教学质量评估和普通高等学校本科教学质量评估。可委托有关专业机构，定期组织开展关于学生劳动素养状况调查，注重学生劳动观念、劳动能力、劳动精神、劳动习惯和品质等的监测。发挥监测结果的示范引导、反馈改进等功能。

第二章 高等职业学校劳动教育的理论基础

第一节 高等职业学校劳动教育的哲学基础

随着新时代中国特色社会主义建设步伐的不断迈进，处于社会转型期的中国正在进行着全方位伟大的变革，经济与政治体制改革不断深入，利益格局不断调整，社会意识日益多元化。我们应该辩证地看到，此时期既是快速发展的重要机遇期，也是健康发展的重要挑战期，相应地，也是人的思想观念的深刻变化期。高等职业学校为这场伟大的变革输送着大量的劳动者、参与者，这些人的劳动技能水平、思想意识水平也一定会影响着这场伟大的变革，由此可见，在高等职业学校开展全面的劳动教育极其必要。全面的劳动教育需要科学化、系统化的哲学理论做支撑，否则易造成片面化、形式化等诸多偏差。实践证明，马克思主义哲学是目前最科学化、系统化的哲学理论。习近平总书记说："马克思主义是人类历史上的伟大创造。在人类思想史上，就科学性、真理性、影响力、传播面而言，没有一种思想理论能达到马克思主义的高度，也没有一种学说能像马克思主义那样对世界产生了如此巨大的影响。"因此，高等职业学校劳动教育的开展必须以马克思主义哲学为理论基石。

马克思主义哲学有着西方哲学及社会政治学说渊源，它包含了费尔巴哈的唯物主义、黑格尔的辩证法以及空想社会主义学说的合理要素。马克思主义中国化就是把马克思主义基本原理同中国具体实际相结合，与中国优秀历史传统和文化相结合。

一、西方的劳动教育理论

（一）英国的劳动教育理论

从空想社会主义思想家的劳动教育理念到今天英国政府倡导的劳动教育实践，都具有人本教育的色彩，英国的教育思想家一贯倡导在教育中注重受教育者生活技能的获得。这些思想为马克思、恩格斯的劳动教育学说提供了极有价值的参考。

英国著名的空想社会主义思想家托马斯·莫尔在《乌托邦》中第一次表述教育要与生产劳动相结合的问题，认为人人都该参加劳动，共同分享劳动果实并接受平等的教育。乌托邦主义主张实行义务劳动制度，认为生产劳动和教育科研是生活中最重要的事情。莫尔认为只有教育才能将劳苦大众及其子女解放出来，提倡儿童要从小接受劳动教育。19 世纪初，英国的欧文和法国的圣西门、傅立叶一起把空想社会主义理论推向高峰，并把教育与生产劳动相结合的理论推向实践。他在自己创建的性格形成学院中对工人阶级的子女开展与生产劳动相结合的教育，并卓有成效。他认为培养人全面发展的最好方式就是把所有人按年龄大小分成不同的组别，让他们从事适合自身的劳动和教育。欧文的教育与生产劳动相结合的思想深刻影响了英国人本教育理念的发展。

1988 年英国颁布的《教育改革法》加速完善了有关学生劳动观念、实践能力以及全面发展等内容。21 世纪的英国更加注重学生学习能力和生活技能的培养，倡导学以致用，倡导教育与劳动实践相结合。2003 年，英国政府颁布名为《每个孩子都重要：为孩子而改变》的绿皮书，进一步强调加强学生的自立能力和劳动观念，潜移默化地发展学生的综合技能。

（二）德国的劳动教育理论

德国一向重视劳动教育。早期的教育理论家关注劳动教育对人的成长的影响，20 世纪中后期，德国的劳动教育政策更加偏向劳动教育要为经济社会的发展服务。

德国的劳动教育有着良好的历史传统并积累了丰富的实践经验，在全世界享有盛誉。早在 19 世纪初，德国的新人文教育家就提出教育要实现“人格自由发展”，20 世纪初，教育改革家又倡议用“劳作学校”代替“书本学校”，主张通过劳动教育实现劳动技能培训和道德教育的同步进行。1920 年，德国政府把劳动明确为重要的教学原则。二战后的民主德国受苏联劳动教育的影响开始推行以“综合技术教育”为中心的劳动教育。20 世纪中后期，随着全球化竞争的加剧，市场对劳动者素质提出了更高的要求，德国的双元制受到极大的挑战，德国政府积极实施“普职融合”的教育政策，开设普职融合课程，开创普职融合项目，以使学生满足市场需求。随着工业 4.0 的推进，德国的劳动教育也进入了数字化时代，教育目标倾向于培养学生的现实的工作与生活能力。

（三）美国的劳动教育理论

杜威的实用主义哲学在美国社会有着广泛的影响，美国的劳动教育普遍体现出对人和社会的兼顾，从早期的进步主义教育到后来的“生计教育”，都是兼顾人的成长和社会稳定发展的教育模式。

美国的劳动教育始于19世纪末期，南北战争结束，和平年代到来，工业革命正在兴起，以杜威为代表的实用主义哲学家开始在美国推行进步主义教育，“儿童是中心”“学校即社会”“教育即生活”等教育理念日益传播，影响深远，占据了美国社会教育理念的主导地位。杜威认为，学生仅从听课和读书获得的知识是不牢靠的，主张学生要“做中学”，在活动中逐步养成品德、获得知识、增长经验。这些进步主义教育理念蕴涵了教育与生产劳动相结合的思想。到了20世纪70年代，美国就业市场疲软，学校毕业生无法自主谋生，美国教育总署署长詹姆斯·艾伦提出“生计教育”观念，其后的继任者西德尼·马兰继续推广“生计教育”计划，主张教育要与生产劳动相结合，教育要使每个学生都能得到一个既自我满足又能有利于社会的工作，以实现人人满足、社会安宁。

在美国，重体力的生产劳动已经很少。但是，美国的各级学校依然重视劳动教育，以培养青少年的劳动意识、劳动习惯和劳动精神。一般来说，美国的劳动教育有三种类型：一是家庭劳动教育。包括在家里收拾自己房间、分担家务、修剪草坪等，在学校，也会有志愿者服务、手工制作等活动，高年级的学生会在学校接受家政服务的专业学习。二是社会服务劳动教育。学校普遍开展社会志愿服务活动，内容包括社会家庭帮扶、禁烟宣传、发动募捐、回收废旧物品等。美国的大学会利用各种假期安排关怀流浪汉和饥饿、关怀艾滋病、关怀环境等活动项目。三是职业劳动教育。学校在学生的职业了解、职业探索和职业选择的不同阶段安排相应的劳动课程，以便学生就业谋生。目前，此类课程随着社会的需要正在从体力类课程向资料分析、电器维修、文字处理等偏向脑力类课程转化。

二、中国传统哲学的劳动教育观

中国的哲学家自古以来就强调知行统一，重视行动力，夸夸其谈始终占不到社会的主流位置。可以说，中国传统思想学说有着强烈的重实践的倾向。

（一）古代的劳动教育观

灿烂的华夏文明史也是炎黄子孙不朽的劳作奋斗史，勤劳的中华民族热爱劳动、重视劳动。《诗经》中有着许多关于劳动的描绘和论述，表达的基本观点如下：

首先，劳动是美而快乐的。《诗经》中不乏反映劳动人民劳作时场景和心情的作品，第一篇《关雎》就有描写劳动的场景。“参差荇菜，左右流之……左右采之……左右芼之。”描绘的就是一位美少女在水中采荇菜时轻盈苗条、温柔贤淑的美丽画面。少女劳动的姿态、情绪跃然纸上，婀娜多姿，娇羞可人，“君子”岂不“好逑”？另外一篇《驺虞》中描写的是男子狩猎时的场面。“彼茁者葭，壹发五豝。于嗟乎驺虞。”在茂密的芦苇丛中一发五中，这是何等的威武，不禁让身边的人发出“于嗟乎”的感慨。猎手打猎时雄姿英发的神态自然也是美的，捕获到猎物自然也是喜悦欢欣的。

其次，不劳而获是可耻的。《诗经·国风·魏风》中的《伐檀》和《硕鼠》都对奴隶主的不劳而获发出了诘问和批判。“不稼不穑，胡取禾三百廛兮？不狩不猎，胡瞻尔庭有县貆兮？彼君子兮，不素餐兮！”“硕鼠硕鼠，无食我黍！三岁贯女，莫我肯顾。”在劳动人民心中，不劳而获是不光彩的、不道德的。“逝将去女”也表达了老百姓要改变这种局面的决心。

（二）近代的劳动教育观

近代著名的思想家魏源是我国“睁眼看世界”的第一人，他明确提出先行后知，主张在劳动中获得知识，强调亲身实践在认识中的重要作用。他认为：“披五岳之图以为知山，不如樵夫之一足；谈沧溟之广以为知海，不如估客之一瞥；疏八珍之谱以为知味，不如庖丁之一啜。”指出仅仅靠间接经验无法达到认识世界的目的，只有通过亲身实践才能学习到西方真正的技术，才能达到“师夷长技以制夷”的目的。

孙中山也赞同行先知后的理念，肯定行是知的基础，肯定人的知识来源于实践经验。他在《建国方略》提到：“人类之进化，以不知而行者为必要之门径也。夫习练也，试验也，探索也，冒险也，之四事者，乃文明之动机也。”这就阐明了“行”是推动国富民强、人类文明进步的动力，申明了劳动的重要性。孙中山先生同时提出了“行易知难”的观点，认为教育与劳动结合是极其必要的，认为“凡造作事物者，必先求知而后乃敢从事于行。”科学的理论可以保证行动的顺利成功。在孙中山先生的论断中体现了知与行的辩证统一，丰富了旧哲学体系中的劳动观。

蔡元培先生提倡“五育并举”和发展“完全人格”。“完全人格”可以理解为人的全面自由的发展，人的发展离不开“五育并举”，“五育”中的实利主义教育受了美国实用主义哲学家杜威的“教育即生活”的深刻影响。他在《对于新教育之意见》中主张：“以人民生计为普通教育之中坚。其主张最力者，至以普通学术，悉寓于树艺、烹饪、裁缝及金、木、土工之中。”此思想对于发展落后的社会经济具有重要意义。

三、马克思主义哲学关于劳动教育的理论

（一）马克思关于劳动的论述

劳动是马克思主义哲学范畴中的核心基础性概念，不同时期的马克思主义者也先后对其开展了大量的研究和各种维度的论述。他们普遍认为，劳动是人的本质，是一

切社会关系的总和。

劳动创造了人本身。在《劳动在从猿到人转变过程中的作用》一文中，恩格斯认为从猿到人的进化是通过劳动而实现的。劳动促进了人类语言和技能的形成，促使大脑的发展，劳动创造了人。

劳动创造一切财富。马克思主义哲学认为，劳动是一切财富的源泉。人类通过劳动创造了赖以生存发展的物质财富，同时劳动也改造着精神世界，满足人类的主观精神需求。在劳动的过程中，劳动创造了以人与人之间关系为基础的人类社会。

（二）马克思主义哲学关于劳动教育理论的现实意义

马克思主义哲学关于劳动本质以及教育与生产劳动相结合的劳动教育理论揭示了现代社会与现代教育的普遍规律，对我们有着重要的现实指导意义。

1. 教育与生产劳动相结合的理论

教育与生产劳动相结合指的是教育过程与生产劳动过程的有机联结。从广义上说，这种联结本就是一种自然的联结，因为生产劳动的过程本身就是一种教育的过程。人类在劳动过程中自然地同步实现了自我教育，在群体性劳动中也会自然地同步实现教育者与被教育者的肢体或语言上的互动。从狭义上说，这种联结指的是学校教育与生产劳动的相结合。17 世纪英国经济学家贝勒斯就曾提出教育应与体力劳动相结合的主张，空想社会主义重要代表人物欧文也曾阐述了教育要与生产劳动相结合的思想，马克思和恩格斯在深刻剖析现代社会化生产方式的基础上，明确指出教育要与生产劳动相结合。

马克思认为，工人阶级在取得属于自己的政权后，应该让理论和实践相结合的劳动技能教育在学校中取得主导地位。他又指出，应让儿童参加一些力所能及的生产劳动并同时开展智育、体育与综合技术教育，如此既可以提高生产，又可以培养儿童的全面发展，这才是理想化的教育。

恩格斯也十分认可欧文提出的教育与生产劳动相结合的观点，认为教育要考虑到不让孩子们受折磨，要考虑到体育、德育和集体主义教育；认为教学不能仅在教室内进行，要让孩子们在广阔的野外天地里亲近自然、充分休息，而劳动本身就是教育的一部分。

马克思和恩格斯在《共产党宣言》中对资本主义教育进行了彻底的批判，指明了未来社会教育的基本方向，提出“把教育同物质生产结合起来”。这是马克思主义哲学对教育与生产劳动相结合思想的首次系统论述。

2. 教育与生产劳动相结合理论在苏联的实践

十月革命胜利后，苏联成为世界上第一个举起社会主义红色旗帜的国家，以列宁、斯大林为代表的苏联共产党人在长期的革命与建设实践中积累了丰富的经验与方法，也形成了包括劳动教育思想在内的相对比较完善的社会主义革命与建设思想理论体系，并深刻影响着包括中国在内的整个社会主义阵营。苏联后来的解体与偏离该思想理论体系不无关系。

苏联著名的教育家苏霍姆林斯基十分重视劳动教育的重要作用，他提出："一个人的全面和谐发展、富有教养、精神丰富、道德纯洁等所有这一切，只有当他不仅在智育、德育、美育和体育素养上，而且在劳动素养、劳动创造素养上提升至较高阶段时，才能实现。"他还认为劳动教育是劳动和教育的内在统一，是劳动和教育连接的桥梁，对德、智、体、美各方面的教育都有强大的促进作用，可促进学生的全面个性化发展。

列宁把马克思、恩格斯的劳动教育思想贯彻到了社会主义革命和建设之中，并根据苏联的实际进一步丰富和发展了这一理论。列宁认为，革命和建设的成功离不开全面发展的共产主义建设者，现代社会主义教育的目标就是培养全面发展的建设人才。他强调在大工业条件下，生产、科技与教育相结合是社会的本质特征，教育只有与生产劳动相结合，才能使教育提高到现代科技所达到的要求，生产劳动只有与教育相结合，才能使社会生产随现代科技水平的提高而提高。他强调要重视综合技术教育，使普遍生产劳动和普遍教育相结合，实现人类普遍和全面发展，达到理想社会。

在列宁劳动教育思想的指引下，苏联的劳动教育呈现出灵活多样的组织形式，既有教学计划内的劳动教育课程，也有勤工俭学、义务劳动、支农、支教等多种方式。对大学毕业生双元化的考评模式也很好地保证了劳动教育的重要地位。

3. 教育与生产劳动相结合理论在中国的丰富与发展

李大钊在中国传播了马克思列宁主义，也传播了马克思列宁主义的劳动教育观，他毫不吝啬对劳动及劳动者的赞美。他提出："劳动是一切物质的富源，一切物品都是劳动的结果。"他喊出"劳动神圣"的口号，认为劳动能带来美和快乐，劳动者能在劳动中展示人生之美。他鼓励知识青年要到工厂和农村去，要与工农群众相结合，呼吁设立夜校、劳动补习学校等劳工教育机构。李大钊积极组织中国学生赴法勤工俭学，也是教育与劳动相结合的有效尝试，培养了一大批优秀的共产主义战士，周恩来、邓小平、陈毅、聂荣臻、蔡和森等就是其中的优秀代表。

毛泽东同志也是赴法勤工俭学活动的重要组织者。他从湖南第一师范毕业后，就在长沙组织了工读同学会，会员半耕半读，积极实践教育与生产劳动相结合。而后创办的湖南自修大学更是强调学员要脑力和体力均衡发展，要重视劳动。早在第二次国内革命战争时期，毛泽东就明确阐述了苏维埃政府的教育根本方针："在于以共产主义的精神来教育广大的劳苦民众，在于使文化教育为革命战争与阶级斗争服务，在于使教育与劳动联系起来，在于使广大中国民众都成为享受文明幸福的人。”抗日战争爆发后，他再次重申教育要与生产劳动相结合，把奉行此原则的延安青年视为全国青年的榜样。新中国成立后，他又多次强调教育要与生产劳动相结合，提出“劳动人民要知识化，知识分子要劳动化”，要求有土地的学校要设立学校农场，没有土地的学校要到附近的生产合作社参加劳动。

十一届三中全会以来，中国的马克思主义者继续丰富与发展教育与生产劳动相结合的理论。邓小平认为，经济和科技的迅速发展对教育提出了更高的要求，要在教育与生产劳动相结合的内容上、方法上不断有新的发展，要求整个教育事业要适应国民经济的发展。江泽民在第三次全国教育工作会议上再次强调要坚持教育与社会实践相结合，以提高国民素质为根本宗旨，以培养学生的创新精神和实践能力为重点，努力造就全面发展的社会主义事业建设者和接班人。胡锦涛号召全面实施素质教育，营造劳动光荣的社会氛围。

习近平总书记一向重视劳动和劳动者，他在不同的场合多次赞美劳动和劳动者。他认为劳动是十分重要的，正是勤劳智慧的中华民族不断劳动创造，我们才有了辉煌的文明和今天的巨大成就，我们一个个目标的实现，根本上要靠劳动者的劳动，“劳动是一切成功的必经之路”。他说：“必须牢固树立劳动最光荣、劳动最崇高、劳动最伟大、劳动最美丽的观念，让全体人民进一步焕发劳动热情、释放创造潜能，通过劳动创造更加美好的生活。”他提出全社会都要树立以辛勤劳动为荣、以好逸恶劳为耻的好风尚，鼓励全社会都要向劳动模范学习，劳动模范是民族的精英、人民的楷模。在习近平总书记的倡导下，尊崇劳动的社会风尚正在神州大地上蔚然形成。习近平总书记还提出：“要教育孩子们从小热爱劳动、热爱创造，通过劳动和创造播种希望、收获果实，也通过劳动和创造磨炼意志、提高自己。”在 2018 年 9 月 10 日的全国教育大会上，习近平又明确提出：“把劳动教育纳入社会主义建设者和接班人的要求之中……要在学生中弘扬劳动精神，教育引导学生崇尚劳动、尊重劳动，懂得劳动最光荣、劳动最崇高、劳动最伟大、劳动最美丽的道理，长大后能够辛勤劳动、诚实劳动、创造性劳动。”在 2020 年 11 月 24 日的全国劳动模范和先进工作者表彰大会上，习近平再次要求：“要开展以劳动创造幸福为主题的宣传教育，把劳动教育纳入人才培养全过程，贯通大中小学各学段和家庭、学校、社会各方面，教育引导青少年树立以辛勤劳动为荣、以好逸恶劳为耻的劳动观，培养一代又一代热爱劳动、勤于劳动、善于劳动的高素质劳动者。”习近平总书记这些重要论述为加强新时代劳动教育、培养德智体美劳全面发展的时代新人点亮了灯塔，这些重要论述也是中国的马克思主义者赋予“教育与生产劳动相结合”理论的最新内涵。

第二节 高等职业学校劳动教育的社会学基础

劳动具有社会性。在劳动过程中人与人存在一定的联系，即社会关系。劳动是人类最基本的社会活动，人生的大部分时间都在劳动中度过的，劳动也是人的基本义务和权利。劳动是离不开一定的社会环境因素的，并且人们通过劳动加强了人与人之间的社会关系，使人与社会与自然的关系更加密切。劳动的社会性是劳动发展的一种表现，是人类社会进步的特性。一般来讲，劳动生产的社会化程度越高、社会性越强，其劳动产品的交换程度越高，社会发展水平越高。劳动产品（商品）的交换产生了劳动社会学，劳动社会学包含着劳动的行为、关系、组织、制度及过程等社会因素，劳动影响着社会的政治、经济、文化的发展。

一、社会生存与劳动教育

人类的生存离不开其赖以生存的物质基础，衣食住行等各方面的物质获取，都必须通过生产劳动。从整体来说，整个社会就是一个能量与物质的消耗结构，通过劳动生产维持着社会结构与功能的正常运转，社会的生存不断与外界进行着物质能量的交换，能量与物质的利用促进了社会的发展。

（一）劳动教育提高人的社会生存能力

劳动是人类获得生活资料最基本的活动，是每个人在不同社会阶段都参加的社会实践活动，是人生存发展的基本前提。通过劳动，人类不断增加劳动经验，提高社会生存能力。

英国作家丹尼尔·笛福的《鲁滨孙漂流记》，讲述主人公鲁滨孙出海遭遇风暴，漂流到无人荒岛上，凭借艰苦的耕种、打猎、制造工具等劳动，靠着坚忍的意志而生存下来。鲁滨孙荒岛求生的强大能力源于辛勤的劳动。因此，我们认为劳动教育就是生存教育，加强劳动教育可提高人的社会生存能力。

（二）劳动教育提升人的社会生活质量

在我国社会发展的现阶段，劳动分配的原则是按劳分配。社会主义市场经济中的按劳分配，是依据马克思对未来社会个人消费品分配原则的理论而形成的。

按照马克思的解释，按劳分配是指所有具有劳动能力的人都必须参加社会劳动，劳动所得是根据劳动者的劳动数量和劳动质量，扣除社会各项必要的费用，而得到的劳动等量的报酬，也就是我们所说的“多劳多得”“少劳少得”“不劳不得”。在一定社会经济条件下，由于劳动与个人的经济收入相连，通过劳动的付出，可以得到相应的报酬，富裕的生活、高质量的生活源于有价值的劳动。劳动的基本权利成为社会个体生存和发展的保障。人的社会劳动权利被剥夺了，人将失去经济来源、失去生存的物质基础。在没有生活来源的情况下，为了生存，人会铤而走险，采取不正当的手段谋生，就会损害他人、国家或社会的利益。

（三）劳动教育改善人的社会生存环境

劳动教育是对劳动者有目的地进行积极正确的引导，培育人热爱劳动、崇尚劳动、劳动自立的品质，正确理解人劳动的基本义务和权利。要教育学生懂得劳动是人的最基本的社会实践活动，明白人的生存与发展离不开劳动，从开始具备劳动能力的时候，就要自己的事自己做；整理个人内务、做些力所能及的劳动，不仅可以锻炼自己的劳动生存能力，还能为他人和社会做点贡献；劳动不仅能获得经济报酬，还能改善社会生存环境。

热爱劳动、崇尚劳动、珍惜劳动成果，劳动者的劳动贡献不仅奠定了个体的生存经济基础，还为整个社会的发展创造了物质财富。通过劳动能力的锻炼，在提高个体的生存能力及素质的基础上，达到提高整个社会群体的素质，从而就改善社会的生存环境。同时，尊重劳动既要尊重劳动者的合法权利，也要珍惜劳动成果。要保障劳动者劳动的权利从而保证劳动者获取报酬的正当权益，做到劳动者的付出与贡献获得相应的报酬。如果劳动甚至不能获取对等报酬，就会引起社会矛盾，破坏社会的安定与和谐；如果社会出现严重浪费现象，就会直接影响社会风气，不利于人的成长和社会的发展。

真正的劳动是有意义的，是具有一定的教育目的性。每项有益的劳动完成后，劳动者都会有一种成就感、幸福感、自信感，劳动教育不仅具有健全人身心和促进人的全面发展的作用，还对家庭的和谐、社会的稳定、国民素质的提高具有重要作用。如果人们都通过劳动获得了踏实、安宁和幸福感，社会就会更加和谐安定，社会生存环境就会更好。

二、社会发展与劳动教育

劳动是社会进步的不竭动力。劳动力、生产力与社会发展力是社会发展的动力系统。人类社会的运动、变化、发展是由这个社会动力系统所推动的。因此，劳动教育是社会发展进步的最根本的教育。

（一）劳动与社会的发展

关于劳动与社会的发展，马克思认为劳动是人的本质，劳动创造了人类，劳动创造生活，劳动是社会的基础。也就是说，人类生存生活离不开劳动，离开了劳动，社会也将不存在；劳动产生社会，劳动促进社会的发展。

劳动创造了物质财富，为科学、政治和艺术等其他活动提供了物质基础。通过劳动，人类提高了社会生产力，积累了生产资料和社会财富。在这个过程中，人类社会对政治、经济、精神等更高层次的需求越来越大、越来越广，生产方式也在不断地变化着，生产方式的变化发展，最终决定着社会形态的变化发展，推动着人类社会的发展。

（二）劳动教育与社会发展

劳动教育传授社会长期以来积累下来的劳动经验、知识及技能，培养具有社会道德意识、政治意识的人才。在劳动教育过程中，人们锻炼动手能力，掌握劳动技能，提高劳动能力，从而促进社会的生产力发展。在劳动中，人们把所学到的理论知识运用到实践中，遇到问题设法解决，不断发明创新，促进了科学技术的发展。高职学校学生通过在校的综合实训、校外的企业实习、暑期的社会实践以及专业的公益活动等，掌握了专业劳动实践技能，懂得了与人合作的价值，感受到劳动的快乐，理解到爱岗敬业的内涵，端正了劳动价值观，提高了素质，从而有利于促进我国社会主义社会的发展。

三、社会阶层与劳动教育

（一）社会阶层

社会阶层是每个社会都普遍存在的一种社会现象。社会阶层是由相同或类似社会地位的社会成员，组成相对持久的群体。同一社会阶层的成员，其劳动行为、劳动模式及劳动价值等方面具有很高的相似性，有着共同的特点，比如类似的行为、相等的地位、共同的职业类别等。

（二）社会阶层结构

不同时期，社会对阶级或层次的划分各不相同。从整体来看，中国改革开放前后社会阶层结构有很大的变化。改革开放之前，我国的社会阶层结构比较简单，主要分为两个阶级一个阶层，即工人阶级、农民阶级和知识分子阶层。改革开放之后，随着新的产业和新的职业的不断产生，人们对社会阶层结构的认知也发生了变化，影响较大的是陆学艺教授等的社会阶层理论，该理论以职业为分类基础，把社会分为十个阶层，即国家与社会管理者阶层、经理人员阶层、私营企业主阶层、专业技术人员阶层、办事人员阶层、个体工商户阶层、商业服务业员工阶层、产业工人阶层、农业劳动者阶层、城乡无业失业半失业者阶层。

国家与社会管理者阶层，是指党政、事业和社会团体机关中的管理者，2001 年在整个社会阶层中所占比例约为 2.1%。经理人员阶层是指大中型企业中的中高层管理人员，2001 年在整个社会阶层中所占比例约为 1.5%。私营企业主阶层是指拥有一定私人资本或固定资产并进行投资以获取利润的人，2001 年在整个社会阶层中所占比例约为 0.6%。专业技术人员阶层是指在各种经济成分的机构，包括国家机关、事业单位、企业单位等专门从事各种技术性工作和科学技术工作的人员，2001 年在整个社会阶层中所占比例约为 5.1%。办事人员阶层是指协助党政机关、企、事业单位负责人处理日常行政事务的专职办公人员，2001 年在整个社会阶层中所占比例约为 4.8%。个体工商户阶层是指拥有较少量私人资本，并投入生产、流通、服务等经营活动的小业主或工商户，2001 年在整个社会阶层中所占比例约为 4.2%。商业服务业员工阶层是指在商业和服务行业中从事体力和非体力劳动的人员，2001 年在整个社会阶层中所占比例约为 12.0%。产业工人阶层是指在第二产业（工业、建筑业）中从事体力或半体力劳动的人员，2001 年在整个社会阶层中所占比例约为 22.6%。农业劳动者阶层是指承包耕地，从事农林牧渔业生产，并以此为主要经济来源的农民，2001 年在整个社会阶层中所占比例约为 44.0%。城乡无业失业半失业者阶层是指无固定职业的劳动年龄的人群，2001 年在整个社会阶层中所占比例约为 3.1%。

（三）劳动教育对社会阶层的影响

从我国的社会阶层结构来看，受教育程度、职业地位和经济收入很大程度上决定了一个人的社会地位。不同社会阶层的人群，其受教育的程度也不同。目前的中国正处于知识经济时代，受教育程度成为社会阶层合理流动的重要因素。总的来看，受教育的程度越高，其所处的社会职业地位及经济收入也相对较高。

我国接受高等教育的人数越来越多，高等学校培养的高级专业技术人员数量也在呈上升趋势。职业教育不仅培养个体的知识技能，更重要的是通过专业实验、综合实训、社会实践等劳动教育，培养其适应社会岗位职业的综合素养，使之更好更快地获得良好的职业、职位和经济收入，从而达到改变社会阶层的目的。目前，一些高职学校的学生只是掌握了专业理论知识，而缺乏动手能力，这是长期以来劳动教育缺失，教育上重理论轻实践、重智育轻劳育、重分数轻素质产生的弊端。增强高校劳动教育，职业高校突出办学特色，人才培养重在个体的能力与素质，促进社会阶层的流动性和社会的和谐性，有利于我国社会阶层结构的优化。

四、社会文化与劳动教育

社会文化来源于人类基本的生产和生活实践，并随着社会物质生产的发展而不断演变。社会文化与人类的劳动密不可分，劳动教育对社会文化起着积极的促进作用。

（一）社会文化

社会文化是一定社会群体的各种文化现象和文化活动的总称，是一种社会意识形态以及与其相适应的文化制度和组织机构。社会文化同样具有历史连续性和传承性，是通过社会物质生产的发展与社会对文化的不断扬弃而延续下来的。

社会文化是社会的必然产物，也是社会发展所必需的，有着相应的社会功能。社会文化起着传递信息、满足人的精神需求、教化育人、促进社会发展的功能。

（二）社会文化与劳动教育

社会文化环境因素包括社会的文化传统、行为规范、信仰、价值观、审美观念、生活方式、风俗习惯等。社会文化对人的教育体现在生活、生产技能上，更体现在塑造人的灵魂上，表现为培养人正确的人生观、价值观、审美观以及良好的生活习惯、规范的行为等，以达到提高人们生活质量、促进人的全面发展的目的。

高职学校学生正处于迈向社会的前期，不仅需要学习专业知识、还需要了解社会、加强社会文化学习，通过一定的社会实践活动、社会劳动教育，增强对社会文化的认知，在实践中学会尊重地方民风习俗、学习企业文化、学会团队协作，成为热爱劳动、不怕吃苦、崇尚劳动、自食其力、爱岗敬业的高素质人才。

从长远来看，劳动教育有着深远的社会文化意义。日常的劳动教育，可让人回归本心，再造国民精神，提升国民自信，提高国家创造力，夯实社会根基。在新时代中国特色社会主义建设中，劳动教育的社会文化意义更加凸显。我们正在实现着从“中国制造”向“中国创造”的跨越，在这个重要的历史时期，劳动教育的目标重在培养国民基本素质和创造精神。高校学生是我国的希望，是我国培养高素质接班人的摇篮，高校加强劳动教育、发展中国文化意义深远。

第三节　高等职业学校劳动教育的经济学基础

中共中央总书记习近平曾指出，劳动是财富的源泉，也是幸福的源泉。财富即物质与资本，具有直接经济属性。幸福则是一种精神喜悦和心理满足，但也离不开经济基础。脱离劳动，财富与幸福都将成为无源之水、无本之木。高等学校开展劳动教育，可以使大学生体悟劳动价值理论，感知以劳动力为主要内容的劳动教育经济理论以及深化对劳动教育社会经济价值的认识。

一、劳动价值理论

（一）劳动价值理论的渊源

关于劳动价值理论，经济学家多有论述，从现有资料看，该理论提出者最早可以追溯到17世纪英国著名古典经济学家威廉·配第。他1662年撰写完成了《关于税收与捐献的论文》（即《赋税论》），其劳动价值论的基本观点是商品价值取决于劳动，商品价格取决于生产该商品所耗费的劳动量，“劳动是财富之父，土地是财富之母”等。他认为创造价值的是具体劳动，但并没有认识到创造价值的是抽象劳动，没有把商品价值与使用价值明确区分开来。

具有“现代经济学之父”之称的18世纪英国著名经济学家亚当·斯密，在1776年发表了《国民财富的性质和原因的研究》（即《国富论》）。其在论述劳动价值论时指出，只有劳动才是价值的普遍尺度和正确尺度，只有劳动能在一切时代一切地方比较各种商品的价值，并进一步提出了商品的使用价值和交换价值的概念。但是，他忽略了社会劳动在商品中的价值存在。

19世纪中期，卡尔·马克思在《资本论》中提出了自己的劳动价值观点，我们称其为马克思劳动价值理论。该理论吸收了威廉·配第等人的劳动价值理论的科学成分，揭示了生产商品的劳动的具体劳动和抽象劳动二重属性。具体劳动是生产目的、劳动对象、所用工具、操作方法、生产结果都各不相同的劳动，其生产的是商品使用价值，体现的是商品本身的功能。抽象劳动是无差别的一般人类劳动，其生产的是商品价值，体现为商品市场价格。

马克思劳动价值理论的先进性在于揭露了资本家残酷剥削工人剩余价值的丑恶秘密，科学论证了资本主义必然灭亡和社会主义必然胜利的客观规律。资本主义制度下，工人创造的超过劳动力价值的大量剩余价值被资本家无偿占有，工人工资却仅仅是劳动力本身的价值，工人只能靠出卖劳动力维系生存。这种人剥削人的不可调和的阶级矛盾必然会终结资本主义。

（二）马克思劳动价值理论对高职劳动教育的指导意义

马克思劳动价值理论博大精深，它深刻阐释了抽象劳动创造价值、社会必要劳动时间决定价值量、价值增殖过程原理等重要内容和原理，该理论在新时代背景下对于指导高职学生在劳动教育中成长成才、创新创业能力培养和合法劳动意识养成，均具有重要意义。

一是新时代高职学生要刻苦提升自身技术技能和综合素质。从抽象劳动创造价值原理看，生产商品的劳动包含具体劳动和抽象劳动，具体劳动产生商品使用价值，抽象劳动产生商品价值。具体劳动，如小麦面粉通过不同的生产工艺、目的等可以加工出面条、面包等不同使用价值的商品。抽象劳动，如相同使用价值的面包，因面点制作人员水平不同，面包的商品价值也会有所不同，高端面包必然凝聚了面点制作师生产活动之外长时间学习训练的付出和面包制作过程中更多脑力、体力的付出，因而在市场上高端面包要比一般面包商品价格更高些。因此，抽象劳动创造价值原理告诉我们，新时代高职学校的学生要想自身价值更高，成为今后社会经济活动的高素质参与者和有力竞争者，就需要在提高自身综合素质、知识业务能力等方面付出更多的努力。

二是新时代市场经营者要注重劳动者的人文关怀和培养培训。从社会必要劳动时间决定价值量的原理来看，商品价值是由社会必要劳动时间决定的。社会必要劳动时间指的是在现有的社会正常生产条件下，在社会平均劳动熟练程度和劳动强度下制造某种使用价值所需要的劳动时间。在我国社会主义市场经济条件下，依靠过度使用劳动力实现价值增殖和资本增殖是法律所禁止的。例如，我国《劳动法》规定“用人单位不得违反本法规定延长劳动者的工作时间”。可见，从劳动者工作来看，企业要想提高自身市场竞争力和依法获得更多利润，不能依靠社会必要劳动时间以外的时间来实现，而是要依靠社会必要劳动时间情况下劳动者本身创造商品价值的能力来实现。因此，社会必要劳动时间决定商品价值量原理告诉我们，市场经营者要想在社会主义市场经济中具有竞争力，就需要特别关注人才勤勉敬业精神和技术技能及其创新能力的培养。

三是新时代市场经济活动的基本要求是科学经营和合法从业。从价值增殖过程原理看，资本主义商品生产过程不仅是价值形成过程，也是价值增殖和资本增殖的过程。在资本主义商品生产过程中，不但资本家垫付资本购买的生产资料和劳动力的价值均会转移到新产品中去，而且工人还会创造出商品价值，并且资本家还会无偿占有工人必要劳动时间以外剩余时间创造出的剩余价值，这样一来，资本家通过生产资料和劳动力购买完成了价值增殖和资本增殖，而工人获得的仅仅是资本家付出的劳动力价格。很显然，在中国社会主义制度下，国家不允许市场主体通过无偿占有劳动者剩余价值来完成资本增殖。社会主义市场主体只有通过人才培养与引进、技术革新与劳动生产率提升、营销创新与资本规划、成本管理与绩效激励等合法途径，才能健康发展。作为劳动者，在刻苦打造自身素质与技术能力以提高自身价值、通过勤奋工作与技术创新实现自身价值增殖的同时，还要增强法律意识，敢于依法维护自身合法劳动权益。

总之，我国新时代高职学生必须牢固树立人民主体地位的意识，在学习生活和社会工作中尊重劳动、保护劳动、热爱劳动、勤勉劳动与合法劳动，努力成为建设中国特色社会主义事业的高素质劳动者和主力军。

二、劳动教育经济理论

劳动创造财富的秘密在于劳动者所蕴含的劳动力。按照经济学观点，劳动力是蕴藏在劳动者体内的劳动能力，其素质状况与生产效能、创利水平具有密切的正相关性。劳动教育的过程也是劳动力培养的过程，基于此，形成了劳动力素质养成、劳动力市场配置和劳动力功用发挥等劳动教育经济理论。

（一）劳动力素质养成理论

劳动力素质高低不但决定着劳动者个体生存、生活及发展质量，也是整个社会经济发展质量的关键性因素，甚至是决定性因素。所谓劳动力素质养成理论，亦称劳动力质量提升理论，是指导劳动者在长期的学习、生活和劳动过程中养成良好身体素质、智能素质、思想素质的理论依据和价值要求。

1. 身体素质

身体素质即生理机能运转和各个器官功能状况，是劳动者体质强弱的表现。劳动者身体素质良好与否具体体现在力量、耐力、速度、免疫力、灵敏度、柔韧度等生理指标上。毛泽东同志说："身体是革命的本钱。"身体素质不但是劳动力素质的物质基础，也是劳动者智力创造和事业发展的身体保障。虽然说，身体素质与遗传因素具有密切的联系，但是后天锻炼是提高和保持良好身体素质的有效措施。人们常说"每天锻炼一小时，健康工作 50 年，幸福生活一辈子"，新时代高职学生应当养成良好生活习惯，积极参加体育锻炼活动和一定强度的体力劳动，为未来参与经济社会活动奠定良好的身体素质基础。

2. 智能素质

智能素质包括智商能力、文化知识和技术技能等，是劳动者对科学文化知识和技术技能经验的掌握和运用能力的表现。劳动者的智能素质是劳动力素质的核心要素，是人才的衡量标准。科学技术是第一生产力，人才是生产力发展的第一资源，掌握科学技术的高智能素质劳动者在企业发展和社会经济发展中起着决定性作用。一寸光阴一寸金，新时代高职学生要倍加珍惜美好而又短暂的大学时光，充分利用课堂、实验室、图书馆以及一切实习实训实践活动或者劳动，扎实学习和掌握科学文化知识与技术技能，全面夯实自身智能素质，提高创新创造能力，努力成为经济社会发展的有用之才。

3. 思想素质

思想素质是劳动者的思想道德和政治觉悟，主要包括政治观、世界观、人生观、价值观、道德观、事业观、法律观等。劳动者的思想素质是劳动力素质的导向要素。

北宋司马光在《资治通鉴》中曾指出："才德全尽谓之圣人，才德兼亡谓之愚人。德胜才谓之君子，才胜德谓之小人。"这就意味着，一个人即使才华横溢，如果没有良好的思想道德素质，只能称为小人。无论对于企业发展，还是国家建设，使用无德之才，其后果只能是破坏性的。对于个人而言，如果不注重积极向上和健康正确的思想道德素质的修养，其后果只能被社会所淘汰。我们新时代高职学生，在刻苦成才和锻炼身体的同时，应当以社会主义核心价值观为基本准则，全面提升思想道德素养，使自己成为中国特色社会主义市场经济和中国复兴伟业的德智体兼备的劳动者。

（二）劳动力市场配置理论

所谓劳动力市场配置理论，是指在市场经济条件下，劳动力资源配置的要素组成和配置规律。在市场经济中，劳动力属于一种特殊资源，其特殊性在于它是活的、能动的、具有社会性的资源，并且唯一属于劳动者所有。市场经济条件下，包括劳动力资源在内的资源配置方式主要是市场配置。劳动力资源市场配置形成劳动力市场，亦称人力资源市场，其配置要素主要包括：

1. 主体要素

一般包括劳动力供给者、劳动力需求者以及供需组织服务者。劳动力供给者为劳动者，劳动力需求者为用人单位、组织或者个人，劳动力供需组织服务者为劳动力市场服务组织。例如，大学生毕业后通过人才交流市场寻找就业机会时，大学生是劳动力供给者，用人单位就是为大学生提供就业岗位的劳动力需求者，人才交流市场中的中介机构为劳动力供需组织服务者。有时候，劳动力市场不需要供需组织服务者，供需双方即可达成劳动力市场交易。

2. 价格要素

即劳动力价格，一般表现为工资或者劳动报酬。在市场经济条件下，劳动力价格一般会受到供求数量、劳动力质量、经济发展状况、国家法律政策等因素影响。我国是社会主义市场经济国家，劳动力价格以市场调节为主，但对于劳动者与用人单位建立的劳动关系，依法实施最低工资保障制度，确保劳动者基本利益。高职学生要充分利用大学时间，加强学习与劳动实践，提高自身劳动力素质，增强在劳动力市场中的优势竞争地位，以获取更高的工资或者劳动报酬。

3. 基础要素

即劳动力市场存在和运行的硬件和软件的总和。硬件包括劳动力市场运行的场所、设备、资金、服务机构等。软件包括维持和保障劳动力市场运行发展的思想观念、信息资源、专业队伍、制度建设等。我国《就业促进法》《人力资源市场暂行条例》等为劳动力市场软硬件环境建设提供了制度保障，各级政府已经逐渐加强了劳动力市场标准化建设，高等学校每年为劳动力市场培养和输送了大批人力资源经营管理专业人才，线上线下、有形无形的劳动力市场已经普遍存在，统一开放、竞争有序的劳动力市场体系逐渐形成。

4. 保障要素

劳动力资源不同于一般市场资源，它属于劳动者所有且往往是劳动者赖以生存的资源，关系到人权保障与社会稳定。政府是劳动力市场的保障责任主体，确保劳动力市场规范有序，为劳动者提供风险和生活保障。劳动力市场监管上，根据《人力资源市场暂行条例》，国务院人力资源社会保障行政部门负责全国人力资源市场的统筹规划和综合管理工作，县级以上地方人民政府人力资源社会保障行政部门负责本行政区域人力资源市场的管理工作，县级以上人民政府发展改革、教育、公安、财政、商务、税务、市场监督管理等有关部门在各自职责范围内做好人力资源市场的管理工作。我国已经建立了比较完善的社会保障体系，包括基本养老保险、基本医疗保险、工伤保险、失业保险、生育保险等社会保险制度，通过再分配手段由政府、用人单位、个人共同筹资建立社会保障基金，保障就业者在年老、疾病、工伤、失业、生育等情况下依法从国家和社会获得物质帮助。

（三）劳动力功用发挥理论

所谓劳动力功用发挥理论，是指劳动力价值有效、合法、最大程度实现的基本要求和理论指导。劳动力是一种重要的资源，对于劳动者价值实现、家庭生活和经济社会发展具有十分重要的作用，这就要需要劳动力所有者、使用者充分挖掘和发挥劳动力资源的功用。

1. 积极就业

就业是指法定劳动年龄的人从事具有一定劳动报酬或者经济收入的社会劳动。判断是否就业一般有四个基本要件：

第一，主体适格。即就业主体具有劳动权利能力和劳动行为能力。劳动年龄是法律确认自然人是否具备劳动就业主体资格的基本标准。按照《劳动法》规定，我国就业的最低年龄要求为年满 16 周岁，文艺、体育和特种工艺单位招用未满 16 周岁的未成年人必须按照国家有关规定履行审批手续。

第二，职业愿望。即自愿从事且其为生活主要财物来源的工作。自愿从事工作的目的主要是生活需要，如果劳动的主要目的是为了学业需要、社会体验等，则不属于职业愿望，不在就业范畴。

第三，劳动合法。从事的社会劳动应当具有合法性，如传销、卖淫、走私、贩毒等违反法律规定、社会公共利益或者公序良俗的活动，不属于就业。

第四，经济收入。就业的主要目的在于满足生活需要，没有经济收入的劳动则不属于就业。如家务劳动、社会公益活动等不属于就业。

在实践中，就业方式一般有自主择业、自主创业和政府安排。我国社会主义市场经济条件下，就业是以市场调节为主，国家安排为补充。政府安排工作只能针对特定对象且要符合严格的法定条件。如按照《退役士兵安置条例》规定，政府安排退役士兵工作的条件有：士官服现役满 12 年，或者服现役期间平时荣获二等功以上奖励，或者战时荣获三等功以上奖励，或者因战致残被评定为 5 级至 8 级残疾等级，或者烈士子女。新时代高职学生应当努力提升自身劳动力素质，树立积极的、正确的就业观，主动适应市场经济条件下的就业创业竞争。

2. 反对歧视

各种劳动歧视是劳动力资源功用发挥的重要障碍，也会对社会和谐造成极大威胁。从主体上来看，劳动歧视一般有劳动者的职业歧视和用人单位的就业歧视两种类型。

职业歧视是劳动者对不同类型社会劳动所表现出来的歧视性差异对待，如看不起体力劳动、轻蔑一线作业、不愿意从事相对比较繁重的工作、不愿意到比较艰苦的基层或地域工作等。“三百六十行，行行出状元”。各种劳动或者职业只有社会分工的不同，没有高低贵贱之分。

就业歧视是用人单位在没有国家规定理由情况下，因民族、种族、性别、户籍、残障、宗教信仰等不同而对相关劳动者就业做出歧视性的区别对待。就业歧视是对劳动者劳动权利的严重侵害。我国《劳动法》《就业促进法》《妇女权益保障法》等法律制度均对就业歧视做出了禁止性规定，全社会均应当坚决抵制和反对就业歧视。按照现行法律规定，针对不同类型的就业歧视，劳动者可以依法向有关部门举报投诉、申请劳动仲裁或者向人民法院提起诉讼。

3. 维护劳动关系

劳动关系是劳动者在劳动过程中与其他劳动者或者组织、单位发生的社会关系，包括劳动法意义的劳动关系与非劳动法意义的劳动关系。

（1）劳动法意义的劳动关系

即劳动者与用人单位之间依据劳动法形成的劳动关系，该劳动关系要受到劳动法律法规调整和规范。该劳动关系的法定特征是：客观上产生于劳动者劳动力与用人单位生产资料相结合的劳动过程中；主体上只在劳动者与用人单位之间发生；主体关系上劳动者要受到用人单位的管理与支配；对价交换上劳动者提供劳动力付出劳动，用人单位向劳动者支付劳动工资。例如，大学生毕业后到某企业就业，我们给该企业提供正常的工作劳动，并接受企业规章制度约束和用人管理，企业按双方约定应向该大学生支付劳动工资，这就意味着该大学生与企业建立了劳动法意义的劳动关系。为确保劳动者权益得到更好保障，劳动者有权及时主动提出与用人单位签订书面劳动合同，用人单位自用工之日一个月内有义务与劳动者签订书面劳动合同，双方应当诚信履行依法签订的劳动合同。

（2）非劳动法意义的劳动关系

劳动者在经济社会活动中，除了依据劳动法与用人单位建立劳动关系，实现就业、提供劳动外，还会依据其他法律法规与他人、组织或者单位建立各种各样的有偿或者无偿的劳动关系，我们称之为非劳动法意义的劳动关系，有国家公职工作关系、民事劳务关系、义工帮扶关系等，如以公务员身份入职党政机关、学生勤工俭学、学生顶岗实习实训、自主创业承揽工程项目、受个人或家庭雇佣、志愿帮扶劳动等。这些非劳动法意义的劳动关系要受到劳动法以外的法律法规调整与规范，如《中华人民共和国公务员法》《中华人民共和国民法典》等。

4. 按劳分配激励

在现代企业经营管理中，劳动激励是调动劳动力功用充分发挥的有效和常用手段。所谓劳动激励，亦称工作激励，指有关组织或单位采取各种鼓励手段，以满足其员工物质和精神需要，从而最大限度调动劳动者发挥其劳动力的积极性和创造性。劳动激励的基本原则是按劳分配。按劳分配是指根据劳动者的劳动数量和劳动质量对其进行劳动报酬分配。

（1）按劳分配原则属于法定原则

我国宪法及劳动法均对该原则予以了明确。我国宪法规定：“社会主义公有制消灭人剥削人的制度，实行各尽所能、按劳分配原则。国家在社会主义初级阶段，坚持公有制为主体、多种所有制经济共同发展的基本经济制度，坚持按劳分配为主体、多种分配方式并存的分配制度。”劳动法亦规定，工资分配应当遵循按劳分配原则，实行同工同酬。

（2）按劳分配是用人单位工资分配自主权的体现和重要激励举措

薪酬分配往往是用人单位调动劳动者积极性、创造性的重要和基本手段。用人单位亦有权根据自身经济效益和劳动者劳动表现，依法自主确定工资分配方式和劳动者工资水平。如根据劳动者的专业技术和行政职务等级实施等级工资，根据劳动者努力程度及其业绩实施绩效工资等。

（3）按劳分配中要避免分配不公和报酬过分悬殊

对于具备相应劳动能力的劳动者，通过按劳分配报酬，实现多劳多得、少劳少得、不劳不得，有利于调动劳动者生产积极性，有利于为用人单位及国家和社会创造更多财富。但是，分配缺乏透明度、缺乏公平机制、不能同工同酬以及员工之间收入出现无法得到普遍认可的过大差距，同样会挫伤劳动者的进取心和积极性。

高等学校劳动教育过程中，通过按劳分配机制的实施和体验，培养大学生们勤勉敬业精神和多劳多得、奖勤罚懒、奖优罚劣意识。

三、高等职业学校劳动教育的社会经济价值

（一）提升劳动力市场供给质量

劳动力市场是我国社会主义市场经济体系中的重要组成部分。从市场主体因素看，该市场主要包括供需双方，供方是劳动力供给个人，即劳动者，需方是劳动力需求单位，即用人单位。《中共中央关于制定国民经济和社会发展第十四个五年规划和二〇三五年远景目标的建议》强调，“十四五”时期经济社会发展要以深化供给侧结构性改革为主线。深化供给侧结构性改革就是要着力提高供给体系的质量和效率，增强我国经济持续增长动力。对于劳动力市场改革而言，就是要深化劳动力供给侧结构性改革，优化劳动力供给结构，提高劳动力供给质量。提高劳动力供给质量包括多种因素，其中根本性因素是劳动力的身体素质、智能素质和思想素质三个方面。

当前，高职学校全面开展的劳动教育，除了生活劳动教育和公益劳动教育之外，重点是结合专业特点，开展专业性劳动教育和创新创业性教育活动，重视新知识、新技术、新工艺、新方法的运用，增强职业荣誉感和责任感，提高职业劳动技能水平和创造性解决问题的能力。这些劳动教育的全面开展，将会有效培养大学生热爱劳动、尊敬劳动的“劳动光荣”理念，踏实肯干、坚守持久的“工匠精神”以及良好的身体素质、抗压意志和专业技术技能水平，从而提高劳动力市场的劳动力供给质量。因此，高职学校劳动教育是提高劳动力资源质量的基础性重要战略举措，从宏观和长远看，会有效推动我国劳动力市场供给侧改革质量的全面提升。

（二）增强大学生就业创业竞争力

对于大学生而言，毕业后能够较快找到一份“体面”而又“高薪”的工作，实在是一种美妙体验和一项头等要事。但据媒体报道，“十三五”以来，全国高校毕业生累计达 4088 万人，初次就业率连续多年保持在 77％以上。教育部发展规划司司长刘昌亚介绍，2019 年完成高职扩招 116 万人目标任务，各级职业院校每年为各行各业输送约 1000 万技术技能人才。教育部、人力资源社会保障部在 2021 届全国普通高校毕业生就业创业工作网络视频会议上指出，2021 届高校毕业生总规模预计达 909 万人，面临的就业形势严峻复杂。可见，就业形势的复杂严峻和竞争激烈将会在一定时期内成为一种常态。对于绝大多数大学生而言，找到“体面”而又“高薪”的工作往往很难

在毕业后一蹴而就，这就需要大学生具备正确的劳动价值观和良好的就业适应性与就业竞争力。高职学校全面贯彻落实党中央、国务院以及教育部关于劳动教育的意见纲要精神，一是培树大学生正确的就业创业观和持续发展观，二是培养大学生较强就业创业适应性与就业竞争力。就业实质是法定年龄劳动者获取工资报酬的一种劳动。创业是一个捕获机会创造新产品、服务或实现其潜在价值的自我谋业的过程。劳动价值观往往直接影响着、甚至决定着大学生的就业创业观。要通过劳动教育，树立大学生劳动无贵贱、劳动创造美好生活的正确劳动价值观，形成“三百六十行，行行出状元”的正确职业思想观念，从而确立“行行可建功、处处能立业、基层是起点、成长有过程、梦想靠奋斗、劳动最光荣”的科学就业创业观和持续发展观。高职学校的劳动教育不同于中小学劳动教育，它除了一般性的生活劳动外，更重要的是要大量和较长时间开展具有一定专业技术技能性的公益劳动、实训实践劳动和创新创业活动，这些劳动或活动有助于提高学生自身专业技术技能水平，增强专业的职业认同感、责任感和荣誉感，锻炼职业适应能力和缩短步入社会职业适应期，从而比较全面地提高自身就业与创业竞争力。

（三）促进社会科技经济发展

2020 年 11 月 24 日，习近平总书记在全国劳动模范和先进工作者表彰大会上讲话指出：“当今世界，综合国力的竞争归根到底是人才的竞争、劳动者素质的竞争”“技术工人是支撑中国制造、中国创造的重要基础。”高职学校人才培养的着力点主要有两个，一是技术技能培养，二是劳动文化熏陶，这些培养和熏陶均离不开劳动教育。从技术技能培养看，高职学校劳动教育更多的是融入专业课程教学和校企合作顶岗实习，以发挥专业教学和实习实训协同劳动育人的作用。如许多高职学校成立的专业工作室、大师工作室、创新创业团队、校企共建实习实训基地等，都是非常重要的专业劳动教育载体、场所和渠道。从劳动文化熏陶看，这是高职学校对大学生劳动精神、创新精神、工匠精神与劳模精神的素质培养。如高职学校课程思政教学过程中积极融入劳动文化教育，鼓励和指导学生积极参加创新创业大赛，实现以赛育人过程的创新意识、工匠精神的素养培育，广泛开展劳动模范、技术技能大师典型事迹宣讲，引导和培养大学生的劳模精神与劳动精神。

当前，我国社会科技经济发展已经取得了举世瞩目的成就。从登陆火星、探月工程、中国天眼、蛟龙深潜等一批批重大尖端科技成果问世，到超级计算、5G 技术、C919 大型客机、数字经济等关系国计民生的重大科技经济发展，到中国农村脱贫攻坚向乡村全面振兴的战略转移，均体现了劳动创造价值的真理，推动了“中国制造”向“中国创造”“中国智造”转变，大大促进了我国社会经济变革。世界各国实践证明，社会科技经济发展除了制度性保障外，根本的在于科学技术研发人才和技术技能人才的培养；而从需求数量来看，技术技能人才要远远大于科学技术研发人才。培养高层次技术技能人才是高职学校的历史使命，而高职学校劳动教育正是这一使命践行的重要战略举措。因此，高职学校深入全面开展劳动教育对于我国社会科技经济发展具有重要意义。

第四节 高等职业学校劳动教育的教育学基础

党的教育方针是促进教育事业发展的重要思想保障，在教育实践中起着指导性的作用。2019 年习近平总书记在学校思想政治理论课教师座谈会上强调，新时代贯彻党的教育方针，要坚持马克思主义指导地位，贯彻新时代中国特色社会主义思想，坚持社会主义办学方向，落实立德树人的根本任务，坚持教育为人民服务、为中国共产党治国理政服务、为巩固和发展中国特色社会主义制度服务、为改革开放和社会主义现代化建设服务，扎根中国大地办教育，同生产劳动和社会实践相结合，加快推进教育现代化、建设教育强国、办好人民满意的教育，努力培养担当民族复兴大任的时代新人，培养德智体美劳全面发展的社会主义建设者和接班人。总书记的重要讲话明确提出了新时代我国社会主义教育事业的总方向和根本方针，为办好新时代中国特色社会主义教育指明了方向、提供了根本遵循。

劳动教育是构建德智体美劳全面培养的教育体系的组成部分，被纳入人才培养的全过程，成为全面素质教育的重要内容。国家教育部出台了关于劳动教育指导性文件《大中小学劳动教育指导纲要（试行）》，为各阶段学校的劳动教育提供了细化的实施要求与专业实施指导。因此，劳动教育作为教育的一个重要环节，必然是以教育学理论为基础，从而更好地在职业高校贯彻落实我国的教育方针与《指导纲要》的要求，以利于培养德智体美劳全面发展的新时代高级专业技术型人才。

一、高等职业学校劳动教育与学生发展

高等职业学校教育的一个重要特点就是实践性，是培养学生的专业技术与技能，一切都体现在专业实践活动中，即学生要参加专业性强、具有高等技术要求的劳动。由此可见，高等学校的劳动教育与学生的培养发展是密不可分的，两者是融于一体的教育活动。

（一）培养学生的工匠精神

工匠精神是指劳动者在制造或生产中的一种追求精益求精的态度与品质，是职业

精神、职业道德、职业品质的体现，是从业者的一种爱岗敬业的表现。它包括爱岗敬业、精益求精、不断创新等。

1. 爱岗敬业

首先是爱岗，爱岗是敬业的前提。从业者只有发自肺腑地喜欢自己所从事的劳动岗位，才会对工作职业产生敬畏之意。敬业是一种恭敬严肃的工作态度，是一种工作的社会意义与价值取向。对职业的热爱与敬畏使从业者爱岗敬业、恪尽职守。高职学生参加各项劳动教育活动，尤其是专业生产劳动，能够进一步加强对今后所从事的工作岗位的认知与体现，增强学生的爱岗敬业精神。

2. 精益求精

指在工作工程中，从业者对工作的每个环节、每道工序、每件产品都认真严格对待，追求“没有最好，只有更好”的精神，是追求极致职业品质的体现。高职学校劳动教育中，要对学生劳动过程的每一个环节进行评价，让学生从细节、小事做起，认真对待每项劳动活动，培养学生认真严格的劳动态度。

3. 不断创新

创新是指在现有的思维模式下，提出不同常规的思路、见解，而改进或创造新的方法、技能等，以获得更好效果的行为。中国改革开放40年来，由“中国制造”已走向“中国创造”。科技的飞速发展，让世人了解“中国速度”的今天，中国呈现了“人人创业”“万众创新”的新局面。应试教育下，一些学生缺乏创新意识，习于按惯性思维考虑问题，而在高职劳动教育活动中，遇到问题由学生们自己想办法处理，就能培育他们的创新意识与能力。

（二）提高学生的动手能力

动手能力，也称为实践能力。通常是指把理论知识灵活地、创造性地应用到实践中去，使理论和实践相结合。高职学校劳动教育注重动手能力。高职教育人才培养的目标就是为生产一线培养具有高级专业技术技能人才。因此，高职劳动教育活动强调锻炼学生的动手能力，把所学、所知的理论知识及经验运用到劳动中，并通过动手丰富自己的知识。目前，高职学生普遍存在“眼高手低”“懒于动手”的现象，动手能力较差。俗语说：“光说不练假把式。”是说理论知识丰富，但缺乏实践动手能力。劳动也是如此，看似简单的劳动，并非每个人都能完成，在完成过程中动手实际操作是关键。由此可知，劳动教育活动让学生动起来，亲身体验操作技能，能促进学生的动手能力。

（三）增强学生的健康体质

劳动教育是以劳动为基本活动，生活、工作中的每项具体的劳动都是通过身体协调的运动实现的，可以说劳动锻炼了人的四肢，强壮了身体，疏通了身体的血脉，提高了人体的免疫力。

高职学校的学生很多缺乏劳动锻炼，出现豆芽菜的体型，肩不能扛，手不能提。劳动教育课程，可让他们伸伸筋骨、通通气、出出汗，调动身体的活力，活动四肢的肌肉，促进身体的新陈代谢，增加食欲，增强体质，成长为有健康体质的高级专业技术人才。

（四）培育学生的审美能力

审美能力是指美育，也称为艺术鉴赏力，它包括人的感受、鉴赏、评价和创造美的能力。审美能力是后天培养的。学生在劳动教育活动中凭借自己的体验而感受劳动的形式、价值的美，并对自己的劳动成果有一定的评价与鉴赏美的能力。在不同的劳动活动通过多种艺术形式与技巧，培养学生的创造美的能力，有利于学生形成一种文明、健康、科学的生活习惯。

二、高等职业学校劳动教育的教育理论基础

劳动教育广泛存在于人类生活中，是人类最为基本的教育活动，与人类的生存、发展息息相关。

（一）中国传统劳动教育思想

中国的教育有着悠久的历史，在古代涌现出许多著名的教育思想家，其教育思想博大精深，蕴含着对生活、劳动、为人等多个方面教育的理解，成为中国传统教育的重要组成部分，一直影响着我国职业教育的发展。

1. 儒家的劳动教育思想

儒家的教育思想在中国传统教育思想中占有主导地位，相对于其他学派的思想，在教育中具有更深刻的影响。儒家的教育思想代表人物是孔子、孟子。孟子的教育思想是在孔子的教育思想基础上形成的。儒家的劳动教育思想主要体现在知行合一、以劳修身等方面。

孔子在教育上注重知行合一，《论语》的第一句便是“学而时习之”，其中“习”就是“实习”“演习”。孔子倡导学习知识要时刻进行实践，注重脑力劳动教育与体力劳动教育相结合，《礼记》中记载“习射”“习礼乐”，更是体现了学以致用的思想。《论语·为政》中“学而不思则罔，思而不学则殆”强调了学习和行动相结合，即理论与实践相结合的教育原则。孔子本身也是如此教学的，司马迁在《史记·孔子世家》中写道：“孔子去曹适宋，与弟子习礼大树下。”由此可以想象出，孔子与弟子们在大树下演习社交礼仪的情景。

儒家主张以劳修身的教育思想，体现为业精于勤、劳而修德的劳动教育思想。《论语·颜渊》中子张问政，子曰："居之无倦，行之以忠。"孔子明确指出身居官位应具有恪尽职守、爱岗敬业的精神。做到"居之无倦"中的"无倦"关键是勤劳，勤劳才能成就事业。在《左传·宣公十二年》中有"民生在勤，勤则不匮"，意为人民的生计在于勤劳，只要勤劳就不会缺少衣食。《论语·述而》中孔子说"学而不厌，诲人不倦"，勤奋做事而不感觉满足、不感觉疲惫，以勤奋提升个人素养。

儒家也十分推崇勤俭，勤俭是劳动者的美德。《左传·庄公二十四年》有"俭，德之共也；侈，恶之大也"，赞美节俭是受人尊敬的美德，是高尚人的品德；奢侈浪费是不可原谅的恶习，是恶习中的大恶。孔子自身也很注重勤俭品德的养成，主张"君子食无求饱，居无求安，敏于事而慎于言"。勤俭节约、珍惜劳动成果，是我国优良的传统，也正是劳动教育的目的所在。

2. 墨家的劳动教育思想

墨家教育思想的代表人物墨翟，其教育思想主要体现在科技创新与思维能力的培养上。它不同于儒家教育思想，认识到教育对生产力发展的促进作用，这也正是墨家教育思想的特色所在。科学技术的教育包括生产和军事科学技术知识与实用技术的教育，对职业教育的技术应用与创新有着重要的指导意义，也对高职学校劳动教育有启发意义。

墨家的逻辑思维能力培养目的在于训练和形成逻辑思维能力，以善于与人论辩。"辩乎言谈"是墨家私学教育的要求之一，它要求懂得运用类推和求故的方法，去进行逻辑思维，去解决问题。

墨家教育思想强调环境和教育的作用。"素丝说"是以素丝和染丝作为比喻，来说明人性在环境与教育下的改变和形成。人性生来不过如同待染的素丝，用什么颜色的染缸，就会被染成什么颜色的丝，即环境与教育对人性形成的强大作用。劳动教育的环境对教育成效同样具有一定的影响。

3. 道家的劳动教育思想

道家的教育思想代表人物是老子与庄子。道家的道是自然本身及其法则，道家主张一切任其自然。劳动教育可吸收道家顺应学生的自然个性、以学生为主的教育思想，按学生个体差异性，挖掘学生的自身潜力，而顺势进行劳动教育，使其各尽其才，成就最好的自己，过多的干涉与框定反而失去了劳动教育的意义。

教育尊重生命的成长规律——道法自然。老子曰："人法地，地法天，天法道，道法自然。"老子认为，凡事都应该顺应自然，不可刻意追求。如果将这种观点运用在教育上，就是说教育应当尊重孩子的成长规律，顺应孩子的本性。劳动教育必须遵循学生的发育、成长、动手规律，切不可揠苗助长。在学生不同的发育时期，进行相应的劳动教育，不仅能锻炼劳动能力，还能促进学生身心发育。

教育功效不限于一时——无为而无不为。“无为而无不为”出自于老子《道德经》的第三十七章。“无为”并非无所作为，而是不妄为、不乱为，是顺应客观发展规律的去作为，从而实现有所为。“无为”也是处世、做事的一种态度。“无为”不是消极等待、毫无作为，而是一种“为而不争”、低调做事不求功利的态度。这种观点运用在教育上，比如看似读一些无用的书、做一些与学习无关的事、参加一些体力劳动等，做一些无用的事、花些无用的时间，其实都是在为超越自己做准备，为全面发展自己做准备。这种教育思想对我国目前的“五育”素质教育有着重要的指导意义，对现代职业教育具有深远的影响。

（二）中国近代职业教育思想

中国的近代职业教育阶段是指从1840年鸦片战争到1949年新中国成立，这个时期的职业教育思想是随着我国半封建半殖民地社会政治、经济发展的而产生的，并在职业教育的不断实践中得以发展，是我国近代教育体系中的重要组成部分。

19世纪60年代，洋务派为洋务事业开办了洋务学堂，甲午战争后，中国掀起了实业救国热潮，提倡学习西方和日本的实业教育，1903年确定了实业教育制度。这以后的晚清时期及民国初期都是以实利主义或“尚实”为教育的宗旨。20世纪初期，张謇因其所举办实业教育体系的完整和实业教育学校实践的成功，成为当时实业教育思想的代表性人物。

民国时期，随着民族资本主义的发展，实业教育思想难以满足资本主义发展对工商业实用人才的需求，以黄炎培为代表的教育家们大力提倡实用主义教育思想，宣传美国式的职业教育制度。蔡元培、陆费逵、顾树森等著名人物主张建立新的“实用”职业教育制度，1913年8月教育部公布了《实业学校令》，规定“实业学校以教授农、工、商业必需之知识和技能为宗旨”。实业学校分甲、乙两种，甲种施以完全的普通实业教育，修业年限预科一年、本科三年；乙种施以简易的普通实业教育，修业年限三年。高等实业学堂改称专门学校，艺徒学堂改称乙种工业学校。1922年壬戌职业教育制度确立。壬戌职业教育制度要求职业教育紧密联系中国经济和生产发展、人民生计。

1918年11月，陶行知在《教育与职业》杂志第1卷第3期上发表了《生利主义之职业教育》一文，全面论述了职业教育的宗旨。“生利”是指产生利益、生产财富，它包括生产有利之物，比如农业劳动生产粮食；还包括产生有利之事，比如医生救死扶伤、教师传道授业解惑。从这种解释来看，职业教育是指所有培养从事社会生产、直接创造物质财富的教育，其教育的目的是培养能够创造物质或精神财富和有社会价值的人。

总的来看，我国近代职业教育思想是“实业”“实用”主义思想，职业教育的目的是发展生产、富国强兵、为各行各业培养生产人才。我国近代职业教育思想对当时的职业院校劳动教育提供了理论指导依据。

（三）中国现代职业教育思想

中国现代职业教育阶段是指从 1949 年新中国成立迄今。随着我国社会政治、经济、文化的发展以及职业教育的不断进步，职业教育思想在不断调整、完善，对中国建设发展具有重要贡献。中国现代职业教育思想经历了工农教育思想、半工半读教育思想，“左倾”教育思想、教育产业化思想、能力本位教育思想、终身教育思想和产教融合职教思想的变化，这是一个从以政治为中心向以经济为中心，再向以人为本的方向发展的过程。

1. 半工半读教育思想

新中国成立初期，百废待兴，各行各业都需要大量的有文化的劳动者、建设者，尤其是专业技术人才和技术工人。为了提高国民文化水平，培育大批技术人员，以满足社会主义经济建设的需要，党中央在 20 世纪 50 年代末期提出了“两种教育制度”，大力发展半工（农）半读职业技术学校和业余学校，其理论基础是“教育与生产劳动相结合”的方针，其培养目标是培养“又红又专”“能文能武”的新型劳动者。半工半读职业教育思想是新中国重要的教育思想，其突出特点是教育与生产劳动相结合，重视受教育者政治素质的培养，重视体力劳动与脑力劳动的结合。

2. 产教融合思想

2014 年 5 月 2 日国务院印发《关于加快发展现代职业教育的决定》（以下简称《决定》），全面部署加快发展现代职业教育。《决定》明确了今后一个时期加快发展现代职业教育的指导思想、基本原则、目标任务和政策措施，提出“到 2020 年，形成适应发展需求、产教深度融合、中职高职衔接、职业教育与普通教育相互沟通，体现终身教育理念，具有中国特色、世界水平的现代职业教育体系”。《决定》指出，要以邓小平理论、“三个代表”重要思想、科学发展观为指导，坚持以立德树人为根本，以服务发展为宗旨，以就业为导向，以能力为本位，走产教研相结合的改革发展之路，要为社会主义现代化建设培养高素质的应用型人才。

这是职业技术教育的办学指导思想，也是我们研究现代职业教育思想的总的方针和纲领。现代职业教育思想是职业院校劳动教育的理论基础，对劳动教育具有现实指导意义。总之，我们国家职业教育经过古代、近代、现代三个阶段的发展，形成了具有中国特色的职业教育思想和理论，为我国职业院校劳动教育的开展奠定了理论基础，推动了我国职业教育的发展。

（四）国外职业教育思想

1. 实用主义教育思想

美国约翰·杜威是实用主义教育思想的代表人物，20 世纪著名的教育思想家。杜威批判传统的学校教育，反对传统的灌输和机械训练的教育方法，主张从生活实践中学习。他提出了“教育即生活，学校即社会”的教育本质观点，认为教育就是儿童生活的过程，儿童应在生活中学习，从实践中学习，不断成长发展，体现了“做中学、学中做”的教育原则。同时，教育也是一种社会生活过程，学校可视为一种小型的社会，那么学校呈现给学生的是一种现实社会生活，这种社会生活可以简化为雏形的状态，去体验社会生活的全部内涵，并且做到校内学习与校外学习实践有机地结合起来，突出开放式教育，使校内校外互相影响，培育学生社会适应能力、创造能力。

杜威的实用主义教育思想还注重个人的品德和心理教育。杜威认为学校是传播社会团体重视的价值与目标的核心机构，学校教育必须结合学生的兴趣、需求、经验和能力进行。因此，在教学实施过程中，从课程设计与教材选用到教学环境设计，都应充分发挥学生的自主性，注重学生个性培养，重视个人价值及其实现。

1896 年。杜威创立了一所实验中学并担任校长，在该校进行他的教学理论实践。杜威的实用主义教育思想对 20 世纪的中国教育界、思想界产生了重大的影响，培育了胡适、陶行知、张伯苓、冯友兰等中国学者，对中国的职业教育思想影响巨大。

2. 双元制职业教育理念

双元制职业教育理念是来源于德国的一种职业培训模式，是指参加培训的人员既要在职业院校学习，又要接受企业等校外实训基地的专业培训；不仅学习与职业有关的专业知识，还需要掌握职业技能。高校和企业（实训基地）这两个学习地方，就是所谓的“双元”。双元制职教模式下，学生毕业时同时拿到大学毕业证书和职业培训结业证书。

双元制教学模式采用工学结合，校企双方深度合作，学做交替进行，理论与实践结合。双元制教学的本质是实践技能培训，使学生掌握职业能力。它不仅注重培养学生的基本从业能力、社会能力，而且强调学生综合职业能力和职业素养的培养。它使学生具有一种跨职业的能力，更重要的是学生具备较强的社会适应性和市场竞争力，对学生的未来及社会的发展起着重要的作用。

双元制教育大大解决了学生的就业与企业招工的问题。调查统计显示，有 80%左右的学生签约留在职业实训的企业工作，很多学生上岗适应能力强，能够很快投入工作独当一面，缩短了企业适应期。而企业参与学生培养，学生在企业的学习目的明确，动机单纯，对企业的忠诚度与归属感强，具有强烈的职业荣誉感，减少了企业员工的流失率。

德国的这种双元制职业教育理念，被许多国家的职业教育所借鉴，对我国的职业教育影响重大，这种职教模式促进了我国职业教育校企合作、产教深度融合方式的发展与实施。

3. 终身职业教育思想

20 世纪 60 年代，日本引进终身教育的思想，进而提出向终身学习体系过渡的教育改革。日本教育学家森隆夫的终身教育思想较有代表性。森隆夫认为教育不应随着学校学习的结束而终止，教育应是终身学习，并形成一种教育制度；教育的内容也不应局限于专业或职业知识内容，而应包括德育、体育以及现代发展中的新知识等内容；教育的方式不仅包括学校教育，而且包括社会教育和家庭教育；利用社会各个领域的教育体制和学习机会，明确各领域的学习角色转换，以达到终身学习的社会化。

终身教育思想最为明显的特点是适应科技的快速发展和社会的不断进步。日本的终身教育反映在政府、民间、学术界等社会共同推进，建立以社会学习为目标的终身学习体制，提高全民终身学习意识与国民素质。该体制对日本的社会政治、经济、文化等发展起到重要作用。

终身教育思想，让人们在不断工作、生活中进行实践学习，提高国民综合素养。终身教育思想对我国现代化建设具有明显的借鉴作用，更对职业教育起着重要的指导作用。

三、高等职业学校劳动教育的途径

高等职业学校劳动教育实施途径有以下几种。

（一）劳动教育联结生活

高等职业学校劳动教育首先要培养学的生活自理能力。高职学校的学生多数是自己远离家庭独立生活在学校里，需要自我管理日常学习生活，劳动教育联结着学生们的生活。

1. 劳动教育与日常生活

高职学校劳动教育需要紧密结合学生的日常生活进行，经常组织个人内务整理活动和班级课桌、教室卫生打扫劳动，定期检查宿舍卫生、教室卫生，开展宿舍环境评优、教室环境评比、个人自立评选活动，等等，提高自我生活管理能力，增强自立自强精神，培养良好的日常生活劳动习惯，强化服务环境意识。

2. 劳动教育与环境美化

学校生活离不开良好的校园环境，高职学校的学生都已进入大学生活，从年龄和身体上又具有一定的劳动能力，能够进行校园环境净化与美化劳动。开展校园净化劳动、清理校园卫生死角、为校园花草树木做“美容”等，可培养学生爱学校、爱劳动的精神品质。

（二）劳动教育服务社会

1. 劳动教育与公益活动

高职学校组织学生参加公益服务性劳动活动，比如重大社会活动、自然灾害、严重疫情等的志愿者活动，包括奥运的志愿者、国庆的志愿者、地震灾区的志愿者、新冠疫情的志愿者、敬老院孤儿院的志愿者，等等，可强化学生的服务意识，培育他们的无私奉献精神和劳动光荣的价值观。

2. 劳动教育与生产实践

劳动与生产实践相结合，强化马克思主义劳动教育观。高职学校更应重视生产实践，生产实践不仅提高学生的劳动技能，而且让学生走向社会、了解社会，在生产劳动中感受劳动的辛劳以及劳动中创造的价值，形成正确的劳动价值观和劳动态度。高职学校应组织学生参加与专业联系紧密或不需专业知识的生产实践活动，如农业生产劳动活动、工厂生产实践劳动、建筑基础性劳动，等等。

（三）劳动教育融入专业

1. 劳动教育与专业课程

职业教育具有明显的专业性，是为生产一线培养专业技术技能型人才。高职学校的劳动教育应该融入专业课程，做到跨学科的整合，体现在人才培养方案中；专业建设应深化产教融合，改进劳动教育方式。高职学校注重专业技能技术的实践，无论是专业实验、实训、实习等都离不开动手劳动，不仅要学生掌握专业生产劳动技能，还必须使学生具有普通劳动科学知识与技能，能够深刻理解马克思主义劳动观和社会主义劳动关系，培育学生正确的就业观。

2. 劳动教育与专业实践

高职学校结合学科专业开展劳动教育。围绕学生就业与创新创业，开展专业综合实习实训、专业生产实践、专业服务性劳动，强化岗位意识，培养爱岗敬业、工匠精神和良好的职业道德品质。在专业劳动实践中，巩固已掌握的专业知识，不断学习新知识、新工艺、新技术、新方法，提高生产实践中发现问题并进行创造性解决问题的能力，强化学生诚实守信合法的劳动意识，培养学生的科学精神，提高学生劳动创新意识及能力。

第五节 高等职业学校劳动教育的心理学基础

一、高职学生的劳动心理

（一）劳动心理学

1. 基本内涵

劳动心理学是以普通心理学、社会心理学、管理心理学等研究成果为理论基础，结合劳动者劳动实践过程，围绕劳动者的需要、动机、行为，研究劳动者的心理反应、心理活动及心理规律，将心理学成果和理论应用于劳动实践的科学。研究内容主要包括动作与时间研究，操作设计和劳动环境的合理化，安全、事故与劳动保护，各种职业活动的特点及其对劳动者心理品质的要求，职业指导和人员选拔，劳动群体和劳动态度问题等，欧洲一些学者还研究了劳动者的肌肉工作和疲劳问题。

2. 发展历程

劳动心理学是在20世纪初形成的，其前身是劳动技术学。早期的劳动心理学研究分东西方不同的研究方向。以苏联、东欧和中国为主的劳动心理学主要研究生产力问题，关注劳动纪律，着眼于提高生产效率，一般不涉及劳动管理学内容。以欧美为代表的西方工业心理学家在开展类似的劳动心理学方面的研究时，往往从工效学或人机工程学的角度进行，主要研究人在生产或操作中合理地、适度地劳动和用力的规律，并注意它们与管理心理学的联系。

3. 劳动对人的心理影响

劳动对人的心理影响主要表现在劳动可以完善自我，通过劳动可以获得收获的成就感、满足感，增强身心素质，养成专注精神、坚忍不拔的意志力和节俭品格。劳动能发挥自身的潜能，培养积极乐观进取的心理，促进人格独立。通过劳动中的人际交往的关系，在集体中感受互帮互助的温暖，可培养协作和分享意识。劳动为进入社会、获得职位提供规则意识和安全劳动的理念，提升创新意识和创新能力，为适应社会、规划未来打好基础。

（二）高职劳动心理学

1. 基本内涵

高职劳动心理学主要是研究在劳动或工作中高职学生个体心理素质、高职学生群体心理现象、高职学生心理保健、高职学生与其他劳动者和劳动环境发生联系的过程中的心理活动规律，讨论劳动管理中如何运用心理学知识，谋划职业发展，展现良好劳动品质，激发劳动创新思维，做好劳动安全防护，进而促进学生的劳动积极心理。

2. 高职学生劳动心理存在的问题

高职学生近年来的社会参与度和认可度不断提高，也从现实生活中获得了国家发展带来的好处和机遇。但在劳动心理上存在着这样和那样的问题，主要表现为劳动需要功利化、劳动动机片面化和劳动行为自由化。

（1）劳动需要功利化

有些高职学生对劳动目的的认识存在偏颇，认为劳动就是为了赚钱，即使是从事公益劳动，也有其他荣誉、机会等的期待。这就告诉我们，大学生处于思想不完全成熟、劳动观尚未完全形成阶段，他们在谈论个人与社会、集体的关系时可以给出令人满意的答案，但当个人利益与社会利益真的发生矛盾时，一些学生却开始变得现实起来，考虑个人利益居多，其劳动行为相应地就缺乏社会责任感和使命感。

（2）劳动动机片面化

在劳动荣辱观方面虽然都赞同劳动最光荣的观点，都认同不劳而获是可耻的，但是，这种正确的劳动观念并没有成为一些大学生做出正确劳动抉择行为的强大动力，谈到理想的工作时，总还有一些好逸恶劳的思想，不能也不愿意把环卫工人的劳动等同于社会精英的劳动；幸福是靠劳动获得的理念有，但到具体事儿的时候，还是靠父母。

（3）劳动行为自由化

在劳动行为中，技能和理论结合不紧密，甚至脱节严重。劳动观不清晰、不坚定，人生规划与现实定位模糊，盲从社会交往，甘于流俗行为，有人信仰“干得好不如嫁（娶）得好”，做个“网红”也很好；有人一心想“当官也能发财致富”；看别人有好的自己也要，不切合实际地高消费，把负担和责任都推给父母。这些学生对劳动荣辱问题、劳动分工问题、劳动的目的和意义问题缺乏正确的认识。

3. 高职学生劳动心理健康的要求

新时代高职学生劳动心理健康的标准是衡量高职学生劳动心理健康的尺度。明确高职学生劳动心理健康的标准，不仅可以为高职学生提供一个分析衡量自身劳动心理健康状况的尺度，而且可以使他们明确自身劳动心理健康努力的方向，同时也有利于高职学校教师更好地分析学生劳动心理健康状况，引导学生克服不健康的劳动心理和劳动行为。参照国内外学者的研究以及劳动心理健康教育实践，我们认为我国高职学生的心理健康的要求有以下两个方面的内容。

（1）正确认识，悦纳劳动

劳动心理健康就能把劳动看作是人生的第一需要，明白生活即劳动的道理，自觉接受劳动，并通过劳动创造自己希望的未来，从而增加自尊心和自信心。

（2）意识清醒，注意安全

劳动心理健康的高职学生充满青春活力，勤学好问，乐观进取，反应敏捷，喜欢探索，并把安全作为有效劳动的首要要求。相反，总是愁眉不展，遇事优柔寡断、喜怒无常，不但事业难以发展，还可能安全事故频发，造成不可估量的损失。

（三）劳动教育的心理学意义

1. 树立新时代的劳动观，培育正确的劳动心理

习近平总书记关于劳动的系列重要论述，在继承和发展马克思主义劳动思想的基础上，基于时代的历史维度与实践的发展向度，回应了新时代中国特色社会主义发展面临的新使命和新课题，形成了“实干兴邦”的劳动实践观、“民族复兴”的劳动发展观、“崇尚劳动”的劳动价值观、“热爱劳动”的劳动教育观，构筑起以劳动支撑起中国特色社会主义伟大事业的实践路径。在劳动认知上，要让学生充分认识到劳动的重要性和劳动范畴的复杂性、广泛性，尊重各种各样的劳动和劳动者；在劳动价值观上，要让“劳动最光荣、劳动最崇高、劳动最伟大、劳动最美丽”的观念内化于心，外化于行；在劳动知识与技能上，要让他们掌握系统全面的劳动科学、劳动技能，要把劳动科学当作一门必修课来学习、掌握。

2. 开拓劳动心理新境界，满足学生创新的心理需求

高等学校把劳动心理教育纳入立德树人的重要内容，让学生实施自我服务劳动、班级与校务劳动、家庭劳动、公益劳动等多种形式的劳动教育，督促学生养成日常劳动习惯，教会学生学会珍惜自己的劳动成果，体会劳动的无穷乐趣，激发学生的劳动热情，鼓励学生进行创新性劳动，满足学生创新的心理需求。

二、高等职业学校劳动心理理论基础

（一）弗洛伊德的精神分析理论

精神分析理论是奥地利心理学家弗洛伊德在长期治疗癔症与神经症病人的过程中形成的一系列关于心理功能、心理发展及异常心理的理论。经典精神分析理论内容包括潜意识理论、人格结构理论、心理发展阶段理论、焦虑及自我防护机制理论、释梦理论，其中和劳动教育相关的主要是人格结构理论和心理发展阶段理论。

弗洛伊德将人格结构分为本我、自我和超我。三者关系协调，人格则表现出健康状况；三者关系冲突，就会产生心理问题或心理疾病。高职学生劳动心理受社会不良风气的影响，有的“拼爹”“啃老”“炫富”，有的妄想一夜暴富、不劳而获，有的则急功近利，有荣誉有利益就上，没有就让，凡此等等，最终产生严重的心理依赖，形成

有缺陷的人格。

弗洛伊德精神分析理论认为人类的心理发展是由两种本能的内驱力推动的。在本能内驱力的推动下，人在各个发展阶段将经历不同的心理冲突并形成相应心理结构及其特征。如果心理发展停留在某个阶段或由于遇到挫折从高级阶段倒退到低级阶段，就可能造成心理和行为的异常。高职学生处于青春时期，身体的快速发育和思维发展的相对滞后在心理上表现为剧烈“动荡”，矛盾性和两极分化严重，形成了既有强烈的自我意识，又特别在意别人的评价；既要特立独行，又想获得帮助；情感体验丰富多彩，又波动大、易冲动的特点。在接受新生事物方面，既善于利用网络技术等现代手段主动迎接新技术革命，又容易在电子游戏里迷失自我；在就业方面，既有豪情万丈的自信，也容易在失败面前一蹶不振。

（二）班杜拉的社会学习理论

社会学习理论是美国心理学家阿尔伯特·班杜拉提出的，该理论重视榜样的作用，强调个人对行为的自我调节，主张建立较高的自信心。该理论主要研究学习和自我调节在引发人的行为中的作用，主张要在自然的社会情境中探讨个人的认知、行为与环境因素三者及其交互作用对人类行为的影响。班杜拉在对行为习得过程的叙述中提出了人类的观察学习模式，这与我们常说的“身教胜于言教”的原则是相通的。班杜拉的自我效能理论对于劳动教育具有积极影响，尤其是对开发学生劳动的潜在能力、激发学生的劳动动机和情感、促进学生积极的自我意识发展具有不可低估的作用。这些理论研究对于提高劳动教育质量具有一定的启发意义。

学校和教师应该为学生搭建劳动教育平台，对劳动心理教育实施素养化、课程化、体系化建设，使之成为弘扬新时代劳动精神、实现学校全面育人的载体；重构劳动心理教育课程体系，实现从培养、激发、调动学生多种感官运动到提升学生劳动心理素养的目标。在培养目标、专业设置、课程体系、教学过程等方面做好衔接，培养学生大国工匠精神。要通过引企入校、前店后厂、现代学徒制等多种方式，不断丰富校企合作内涵，搭建学生劳动心理教育的有效平台。

践行理实结合的教育模式，促使学生行为心理的职业化。加强高职学生劳动观教育，既不能脱离思想政治理论课这个主渠道、主阵地，也不能脱离实践活动。首先，要把劳动观教育内容有机融入思想政治理论课程，要抓好课堂教学这个主渠道，通过一定教学方法和技巧，实现劳动观教育内容与思政课程的深度融合。比如，思想道德修养与法律基础课程中的人生观和价值观、婚恋观中的择偶观、职业观中的就业创业观等部分都可以融入劳动观的内容。其次，要加强实践课堂建设。学校要从宏观上进行整体安排协调，设置以“劳动观教育”为主题的实践课堂，设置学分，配备指导教师，通过一定的形式，如社会实践、公益活动、劳动基地建设、劳动周等，设置一定的评价标准，对学生进行考核评价，让学生去体验劳动的艰辛、劳动的获得感，认识劳动的意义和价值。

（三）马斯洛的人本主义思想

人本主义心理学是20世纪五六十年代兴起于美国的一种心理学思潮，代表人物是亚伯拉罕·马斯洛和卡尔·罗杰斯。它研究的主题是人的本性及其与社会生活的关系，强调人的尊严和价值，主张心理学要研究对个人和社会进步富有意义的问题。在方法论上，他们反对以动物实验结果推论人的行为，主张对人格发展进行整体分析和个案研究。马斯洛的自我实现的需要层次理论对现阶段开展高职学生劳动教育具有指导意义。

在心理学上，人的需要层次中生理需要是第一层次，是满足生存所必需的基本生理需要，如对食物，水和睡眠和性的需要。这个层次的指导意义在于培养高职学生通过劳动教育，获得自己基本的生存本领，从而实现人格独立。

安全需要是中等层次，主要在于构建安全和可预测的生活环境，免除生理和心理的焦虑。这个层次的指导意义是培养高职学生的全面发展，让学生在劳动过程中逐步获得成就感，有能力给自己提供一份生活保障。

自我实现层次的指导意义主要是通过劳动教育，让学生树立人生的远大理想，并挖掘自身潜能，积极参与到社会大生产和创新创造劳动中来，用自己的智慧加社会进步的红利，实现个人理想，体现人生价值。

（四）积极心理学

积极心理学从积极角度研究幸福，倡导心理学的积极取向，研究人类的积极心理品质，关注人类的健康幸福与和谐发展。它一改传统心理学的悲观人性观，旨在帮助人们形成良好的心理品质和行为模式。基本研究内容包括强调对人性优点和价值的研究，提出积极的预防思想，兼顾个体和社会。积极心理学主张个体的意识和经验既在环境中体现，又在很大程度上受到环境的影响。这给我们开展高职学生劳动教育提供了有益的启示。

我们要通过劳动教育，构建和谐奋进的劳动集体，让劳动观念强、信念坚定的同学起示范带头作用，用劳动合作和分享劳动成果等形式，带动和提高其他同学的劳动参与度，不断增强劳动示范和榜样效应，稳步推进劳动者的集体荣誉感和团结精神，最终实现高职劳动教育的功能和意义。

三、高职学生劳动心理改变的理念模式

（一）德育教育模式

德育是各种教育目标的价值取向和最终归宿，是整个教育的灵魂。职业院校的道德品质教育在人才培养体系中起主导作用。高职的道德教育既要符合国家对大学生思想道德教育的总体要求，还要突显其职业性，即在培养学生理想信念的同时，注重将与本专业相关的职业意识、职业道德、职业态度和职业理想教育作为德育重要内容，培育“崇尚劳动、爱岗敬业、勇于担当、善于创新、乐于奉献”的职业精神。

高职的劳动教育要结合高职德育，有针对性地将劳动教育内容渗透在德育之中，以形成高职德育特色。例如，择业观教育是高职道德教育的重要内容，以往的教育通常是从培养职业意识入手，逐步让学生学会如何选择职业和职业岗位。但是，在具体德育实践中，这种效果并不明显，大多学生不能正确理解和把握自己即将选择或者从事的职业与自己的未来发展是什么关系，因而很难形成正确的择业观。其实，择业观教育主要是让学生准确把握个人价值的实现，劳动教育是让学生懂得劳动不仅是辛勤的汗水和劳作，更是一种乐趣和精神上的需要，以劳动教育内容丰富择业观，让学生正确理解职业劳动与价值实现的关系，从而培养为社会福利而劳动的道德意愿。

（二）劳动课程教育模式

课堂是培养学生劳动意识、劳动习惯和劳动技能的重要阵地。劳动教育不能仅仅停留在劳动教育本身的课堂中，也应该贯穿于思政课程和专业课程中，这样就能构建三类课程体系，完善劳动培养的维度。高职学校劳动教育在课程开发和设置上，应该将专业课程教学、思政教育同劳动教育相互渗透和融合，并开发更为适用的教学模式和考核方法，从劳动意识、劳动行为和劳动习惯等多个方面着重培养学生劳动最光荣的责任感和使命感。一方面可以将劳动教育基础素质课程与思想政治教育充分融合，在思政课程中加入劳动光荣的元素，提升劳动教育精神与素养培育课程的质量；另一方面可以将劳动教育课程与专业课程教育结合起来，让学生在专业课程中、在未来职业规划中，更加深刻地领悟劳动的真谛，更明确自己的方向和目标，更加尊重劳动、崇尚劳动。

（三）理实结合教育模式

劳动是大学生道德品质养成的重要渠道和有效路径，劳动实践可以检验真理，坚定青年学生的理想信念，创新性的劳动实践还可以激发学生劳动热情，培育崇高的道德情操。劳动教育是实践性很强的教育活动，劳动观念、劳动习惯以及劳动能力，都要在劳动实践中才能真正得到培养。因此要践行理实结合的教育模式，促使学生行为

心理的职业化。加强高职学生劳动观教育，既不能脱离思想政治理论课这个主渠道、主阵地，也不能脱离实践行动。首先，要把劳动观教育内容有机融入各门思想政治理论课程，要抓好课堂教学这个主渠道，通过一定教学方法和技巧，实现劳动观教育内容与思政课程的深度对接与融合。比如，思想道德修养与法律基础课程中的人生观和价值观、婚恋观中的择偶观、职业观中的就业创业观等部分都可以融入劳动观的内容。其次，要加强实践课堂建设。学校要从宏观上进行整体安排协调，设置以“劳动观教育”为主题的实践课堂，设置相应的学分，配备相应的指导教师，通过一定的形式，如社会实践、公益活动、劳动基地建设、“劳动周”等，设置一定的评价标准，对学生进行考核评价，通过实践过程让学生去体验劳动的艰辛、劳动的获得感，认识劳动的意义和价值。高职学生劳动还可以延伸到校外，例如，组织集体式社会劳动，培养学生服务社会、无私奉献的道德情怀。尤其公益性的劳动活动，可以让学生懂得“他们免费从社会享受到的福利的劳动价值”。

（四）创新劳动教育模式

高职倡导技术技能培养中的劳动教育，其实就是要将创造性劳动融入技术技能教育中，以综合性劳动实践来优化实践教学环节，促进技术技能教育与实践能力培养的统一。苏霍姆林斯基认为，创造性劳动是“充满丰富智力活动”的劳动，是以新技术取代传统劳动程式的劳动，是手脑并用、体力与智慧并用的劳动。创造性劳动思想是苏霍姆林斯基劳动教育理论的核心，也是其劳动教育理念的精髓所在。创造性劳动教育实践活动，可以满足学生发育期的好奇心理、求新求异的心理和张扬个性的内心需求，让学生在创造性劳动中体味劳动的愉悦和巩固所掌握的专业技术，开拓劳动心理新境界，满足学生创新的心理需求。

第六节 高等职业学校劳动教育的行为学基础

教育家叶圣陶先生认为，教育就是培养习惯。高职学生的劳动教育本质上就是改变学生不劳动的行为，让学生养成积极参与劳动的行为习惯，所以劳动教育与行为学有着密不可分的关系。

一、劳动行为

（一）劳动行为的内涵

1. 行为

“行为”，《现代汉语词典》（第 7 版）解释是指受思想支配而表现出来的活动。这种由内而外的活动具有自发性、原因性、目的性、持久性和可塑性的特征。行为是受思想支配而自动、自发表现出来的，外力虽然在一定程度上可以影响人的行为，但是无法从根本上产生行为，所以行为具有自发性。人们常说思想决定行为，有什么样的思想就会产生什么样的行为。所以，行为不是凭空产生的，一定是有思想原因的，这种思想原因就是人的需要，所以行为具有原因性。人的需要一定是和目的紧密联系的，如基本的饮食需要。人的目的就是生存下去，所以由饮食需要而支配的行为如狩猎、种植等，就有了明确的目的性。目的没有达成之前，由于客观或自身因素的影响，人可能会调整、改变自己的行为方式，但是其行为一般不会终止，所以行为具有持久性。同时，行为可能受客观或者主观因素的影响而改变，因而具有可塑性。

2. 劳动行为

劳动是指人类通过体力与脑力的支出而创造生存和发展所需的物质和精神财富的活动。结合行为和劳动二者的定义，我们可以知道劳动行为是指人类为了创造生存和发展所需的物质和精神财富所表现出来的举止行动。劳动行为是劳动的外在表现形式，包括脑力的和体力的。

（二）劳动行为的特征

根据劳动行为的定义和行为的特征，可以总结出劳动行为除了具有以上提到的行为特征以外，还有属于自己的特征，即明确性、创造性和可变性。

1. 明确性

人要生存，就会产生不同的生理需要，生理需要产生动机，动机促使人们做出与需要相适应的行为，这是人类生存的本能。劳动行为是人类为了满足自己生存和发展的需要，在劳动过程中，无论目的达到需要多长时间，无论劳动行为做出怎样的调整，劳动行为的指向都非常明确，因此也具有明确性。

2. 创造性

劳动行为会产生物质或者精神财富，是一个从“无”到“有”的过程。而且随着人在不同阶段目的、需求的改变，劳动行为所产生的结果也是不同的。但是无论目的、需求如何变化，劳动行为的结果都是一定的物质或者精神财富，因此劳动行为具有创造性。

3. 可变性

劳动行为受劳动目的支配，并同时受到人的主观和客观因素的双重制约，为了达到目的，在劳动过程中，劳动行为可能根据主客观条件的变化而不断做出调整。当一个人感觉到自己的目的不可能达到，或者自己的需求发生了改变，那么他的行为也会发生改变。这种变化不是劳动者一时头脑发热产生的，而是劳动者审时度势之后的改变。因此，劳动行为具有可变性。

二、劳动行为改变的理论模式

需要产生动机，动机诱发目的，最后促生行为。由此可知影响劳动行为的自身状况之一是人的主观因素，即人的需要、动机和目的。同时，由于劳动的表现形式有脑力和体力两种，所以劳动行为首先要受到人的自身状况——智力和体力的制约。人生活在社会里，一定与他人共处，这也决定了个体必须融入一个或多个群体，以便更好地生存。在这其中，人们要追求更高层次的需要，需要尊重，需要实现理想，这就有了社会性。因此劳动行为也受到客观环境的制约。

劳动教育首先需要搞清楚学生参与劳动的心理需要是什么，这种需要会产生什么动机，想要达到什么目的，这些又将如何影响学生的行为。行为改变的模式理论对于劳动教育有着很强的指导意义，劳动行为改变的理论模式大体有三种：劳动信念模式、行为分阶段转化理论和知信行模式。

（一）劳动信念模式

人类社会之所以进步，文明之所以产生和发展，都是劳动的结果。劳动不仅创造了财富，也创造了人本身，劳动是人类生存、延续的基础，也是社会发展和文明进步的源泉。“劳动创造美好生活”已经成为亘古不变的信念，正是由于这样的信念，中华民族自古以来就崇尚劳动，几千年的中华文明史，也正是中华儿女用“崇尚劳动、热爱劳动、辛勤劳动、诚实劳动”的劳动精神谱写的劳动史和奋斗史。虽然科技的发展把人们从众多的体力劳动中解放出来，人们的劳动方式发生了巨大的变化，但是劳动的价值和意义是不变的，美好的梦想只有靠脚踏实地的辛勤劳动才能实现，这个真理也是不变的。坚定的劳动信念，才是产生劳动行为的关键。

1. 个体的劳动信念

劳动信念就是人如何看待劳动，怎样认识劳动的意义和价值，如何认识不劳而获、崇尚暴富、贪图享乐等错误思想的危害，怎样认识勤奋劳动与美好生活、与梦想之间的关系等。

青少年能够接受、认同劳动教育所传递的信息，改变自己的错误认识，树立正确的劳动观念，形成“劳动最光荣、劳动最崇高、劳动最伟大、劳动最美丽”的信念，从而产生劳动行为，需要具备下面几个条件。

第一，意识到不劳而获是一种羞耻，并进一步认识到问题的严重性，由此摒弃懒惰的习惯和坐享其成的行为，自己动手参与劳动。

第二，对积极参加劳动的好处和不参加劳动的后果的预测，特别是认识到劳动行为可能带来的好处并且有效，学生就会自觉采取行动；当人们对采取的行动可能遇到的困难有足够的认识，那么他们的行为会更加巩固和持久。

第三，对自己参与劳动或改变懒惰的能力的自信，就是一个人对自己的行为能力有正确的评价和判断，相信自己一定能通过努力克服障碍，完成某种行动，达到预期目标。

2. 行动的线索或意向

是指学生能否产生劳动行为的促进因素，包括从小在家庭中劳动意识的培养、学校劳动教育课程的开展、社会舆论导向、身边劳动模范的表率作用及劳模精神的影响、懒惰不劳动对个人和社会发展的不良影响等。

3. 行为的制约因素

行为的制约因素，从人口学方面看包括年龄、性别、民族、籍贯等，从社会学方面看包括个性、社会阶层、同伴及他人的影响等，从知识结构角度看包括关于劳动的知识、技术、劳动经验等。

劳动信念模式在促进青少年产生劳动行为，改变不想、不会、不爱劳动等行为的实践中遵循以下逻辑：行为是可以改变的，行为受思想支配，同时也受到客观环境的制约。因此让学生正确理解劳动是人类发展和社会进步的根本力量，认识劳动创造人，劳动创造价值、创造财富、创造美好生活的道理，尊重劳动，尊重普通劳动者，牢固树立劳动最光荣、劳动最崇高、劳动最伟大、劳动最美丽的思想信念，从家庭、学校、社会角度创设“劳动光荣、懒惰可耻”的氛围，激发劳动需要和动机，进而引发劳动行为，最后养成劳动习惯。

（二）行为分阶段转化理论

行为分阶段转变理论模型是行为改变的一种策略和方法，最早是由美国心理学教授普罗察斯卡于 1983 年提出。由于它整合了若干个行为干预模型的基本原则和方法，故又称为行为分阶段转变交叉理论模型。而实践证明这一理论具有良好的应用效果，在国际学术界得到普遍认可，因而成为国际上应用十分广泛的行为改变理论模型之一。

行为分阶段转变理论模型的理论依据是社会心理学，其着眼于行为变化的过程及对象的需要：人的行为改变不是一次性的事件，而是一个复杂的、渐进的、连续的过程。此过程可分为五个阶段：

第一，无意向阶段：指人们根本没有打算近期改变行为的意向。这里的“近期”通常以 6 个月为标准。

第二，意向阶段：指人们在某种程度想到过改变行为，但不在近期。

第三，准备行动阶段：指人们形成坚定的想法在近期改变行为，并进行一些最初尝试。

第四，行动阶段：指人们已经实践新的行为。

第五，巩固阶段：指新的行为已坚持了最低限度的期限。处于这一阶段的人们保持已经改变了的行为状态，减少诱惑和增加信心有利于保持这一状态。如果人们经不住诱惑或者没有足够的信心和毅力，他们就可能返回到原来的行为状态。

（三）知信行模式

知信行模式是最常见的、应用比较广泛的一种改变人类劳动相关行为的模式，它将人类行为改变分为获取知识、产生信念及形成行为三个连续过程，即知识—信念—行为。知（知识和学习）是基础，信（信念和态度）是动力，行（促进劳动行为）是目标。

以高职学生参加校园地面井盖美化这项劳动为例。首先，教师可以通过多种方法和途径，把校园井盖美化需要的知识，如颜料的调制、色彩的搭配、图案的选择、与校园文化风格的协调等讲给学生，让学生掌握知识，形成完成这一劳动任务的基本能力。其次，分析这项劳动的意义和价值，分享其他学校美化井盖的成功案例，让学生相信通过自己的劳动，校园将会变得更加美丽，自己学习生活的环境将会变得更有魅力，从而产生“美化校园，人人有责”“校园魅力，我必出力”的信念。最后，在信念的支配下，他们拿起画笔描绘井盖，同时建立起美化校园其他劳动行为习惯的模式，如维护绘制的井盖图案，绘制并维护校园文化墙，设计、制作、维护个性化的板报，设计、书写、维护校园文化标语等。

但是，这个过程不是一蹴而就的，其中两个关键步骤是信念的确立和态度的转变。坚定的信念促使态度的转变，态度的转变促使行为的转变。在教育过程中，必须注意运用不同的方法，为高职学生确立劳动信念、转变劳动态度创造有利的环境和条件。

劳动行为的改变既是一个学习的认知过程，又是一个劳动意识的形成过程，主要是以深刻认识劳动在人的成长过程中的作用和价值、掌握劳动基本知识、形成基本劳动能力为先导的劳动意识、态度和行为的形成过程。高职学生了解到劳动的意义和价值，端正了劳动态度并付诸行动，这才是一个开始，可能需要再认识、再行动，并进行不同阶段的循环，直至树立劳动光荣的信念，养成热爱劳动的习惯。

这就要求高职学生要在家庭、学校、社会的多方引导下，解决三个矛盾：

1. 解决“无知”和“有知”的矛盾

行为发生的逻辑轨迹是需要—动机—行为。根据马斯洛的需要层次理论，人的需要分为两个层次，低层次的需要为生理需要、安全需要、归属和爱的需要、尊重需要，统称为“缺失需要”；高层次的需要分为认知需要、审美需要和自我实现需要，统称为

“成长需要”。低层次的需要得到满足，才会产生高层次的需要。低层次的需要一旦得到满足，由此产生的动机就会消失，由此引发的行为自然不会再产生。然而，高层次的需要也就是成长需要，却不会随着需要得到满足而减弱或消失，反而会持续增加，那么由此产生的动机也就会更强烈，就会推动人们持续或加强为了满足需要而产生的行为。因此家庭、学校和社会要形成合力，通过劳动教育，使学生深刻理解劳动在人类历史发展进程中的作用，劳动对人的成长发展的重要意义，促使他们关注、思考自己的成长需要，激发劳动需求的动机，进而引发劳动行为。

2. 解决“认知”和“情感”的矛盾。

有了认知，还要解决情感问题，那就是如何让高职学生热爱劳动，特别是对那些对劳动不以为然或心存疑虑的学生，更要从情感上去说服他们。这就需要拿出身边活生生的例子，让他们看到劳动带给人实实在在的好处，比如，劳动让人变得心灵手巧，劳动让人变得更有力量，劳动让人变得更加坚强，劳动让人获得更大的发展，劳动让人实现梦想。这些例子既包括身边热爱劳动的同学，也包括各行各业的劳动模范，甚至可以利用反面教材，比如让学生看到懒惰的危害。

3. 解决“认知”和“行为”的矛盾

有了认知，情感上也能接受，但是离养成行为习惯还有一定的距离。因为劳动行为毕竟会让人流汗，会给人带来疲劳甚至会让人四肢酸痛等，特别是参加劳动的初期，这种不适感会更加强烈。为了防止造成“体验一次，后悔半年”的不良影响，要有计划、有步骤地采取强化干预措施，比如，对劳动态度积极、劳动技能优秀的学生要及时给予肯定和奖励，并且大力宣传；开展劳动成果评比，引导更多的师生关注；严格并优化劳动课程的考核评价，让学生更加重视；引导学生反思总结劳动收获，强化劳动中的获得感和成就感等。在全社会树立“劳动最光荣、劳动最崇高、劳动最伟大、劳动最美丽”的观念，营造“人人自食其力，个个热爱劳动”的氛围，共同培育未来的社会主义建设者，让高职学生的劳动行为真正落到实处，形成习惯。

知行信模式在高职学校的实施，要遵循循序渐进的原则，根据高职学生不同的素质和存在的问题，为他们设置基本目标、中层目标、发展目标，从简到繁，从易到难，促使高职学生一步一步地坚持下去，进而达到比较满意的效果。

习近平总书记指出，“人世间的一切幸福都需要靠辛勤的劳动来创造”“劳动是一切幸福的源泉”。不管人们的梦想有多大，憧憬有多美，光想是没有用的，必须付诸行动，其表现形式就是有目的的自觉的劳动行为。脚踏实地的劳动不仅可以帮助人们实现梦想、创造美好生活，更重要的是可以让人变得更聪明、更能干、更坚强，而这一切都是梦想达成不可或缺的品质、素质，也是未来应对一切挑战的最有力的武器，因此也是人生最大的财富。

第七节 高等职业学校劳动教育的法学基础

当前，我国已进入全面推进依法治国新时代，全民都要成为社会主义法治的忠实崇尚者、自觉遵守者和坚定捍卫者。我国宪法规定公民有劳动的权利和义务，国家通过各种途径，创造劳动就业岗位，加强劳动保护，改善劳动条件，并在发展生产的基础上，提高劳动报酬和福利待遇。加强大学生劳动法治教育，提升大学生劳动法治意识和法治素养，既是学校的权利与义务，也是学生的权利与义务。我们大学生无论在劳动教育过程中，还是今后步入社会，都需要强化合法劳动意识，做到合法劳动。

一、合法劳动及其要素构成

一般意义上来说，劳动是人们在工作和生活中付出脑力与体力或者兼而有之的活动。从法学角度看，所谓合法劳动是指能够得到法律认可和保护的劳动，反之，则属于非法劳动。劳动是公民的基本权利，对于公民权利而言，法无禁止即允许，这就意味着，人们的劳动只要不违反法律规定，皆属于合法劳动。合法劳动需要满足一定的基本要素条件，要遵循诚信基本原则，所进行的活动不得违犯禁止性法律规范，如果从事的行业是特定职业或者工种，还要具备相应的法定职业资格条件。

（一）遵循诚信基本原则

诚信是我国社会主义核心价值观的重要内容，是最基本的职业道德规范。诚信这一道德要求在法律当中体现为诚信原则，又称诚实信用原则，是道德观念的法律化，是我国民事法律的基本原则。《民法典》第七条规定："民事主体从事民事活动，应当遵循诚信原则，秉持诚实，恪守承诺。"《劳动合同法》第三条规定："订立劳动合同，应当遵循合法、公平、平等自愿、协商一致、诚实信用的原则。依法订立的劳动合同具有约束力，用人单位与劳动者应当履行劳动合同约定的义务。"

这些原则在公民劳动过程中主要体现为，一是要诚实劳动，不作假、不欺诈、不损害他人合法权益和社会公共利益；二是要如实承诺，恪守信用，全面履行约定义务与法定义务；三是在给企业等单位提供劳动过程中要严格执行劳动法律规范，遵守用人单位依法制定的规章制度。例如，我们大学生在兼职从事家教工作时，要诚实地向雇主介绍自己的学业水平，并按照约定或者承诺按时保质保量做好家教对象的课程辅导工作。如果故意隐瞒自己学业水平、违背家教约定或者承诺，即属于违背诚信原则的民事违法行为，雇主有权依法依约定予以辞退或者减扣家教报酬。再如，大学生毕业后供职企业过程中，如果违犯劳动法律规定及用人单位规章制度，将会面临被用人单位依法辞退的法律风险。

（二）不从事违反禁止性法律规范的劳动

按照法律规范的性质和调整方式，法律规范分为义务性规范、授权性规范和禁止性规范。义务性规范是要求人们必须做出一定行为，承担一定积极作为义务的法律规范。例如《农业法》第五十八条规定："农民和农业生产经营组织应当保养耕地，合理使用化肥、农药、农用薄膜，增加使用有机肥料，采用先进技术，保护和提高地力，防止农用地的污染、破坏和地力衰退。"劳动本身就是一种积极作为、一种行为，人们只要在劳动过程中遵守法定义务即可，而且有的法律制度当中仅有义务性规定，没有不履行该义务的法律责任规定。授权性规范，它是授予行为人可以自行抉择做或者不做某种行为的法律规范，对于行为人而言不具有强制力，甚至行为人可以选择放弃。该类规范对于劳动内容合法与否不具有法律评价力。例如《民法典》关于土地承包经营权内容规定："土地承包经营权人依法对其承包经营的耕地、林地、草地等享有占有、使用、收益的权利，有权从事种植业、林业、畜牧业等农业生产。"

人们在劳动中需要重点关注的是禁止性规范。禁止性规范是规定人们不得做出某种行为的法律规范。这类规范一般使用"禁止""严禁""不得""不准"等加以明确。行为人如果从事了法律禁止的活动，则应当承担对其不利的、甚至惩罚性的法律责任。例如《农业法》第二十五条规定："农民和农业生产经营组织不得使用国家明令淘汰和禁止使用的农药、兽药、饲料添加剂等农业生产资料和其他禁止使用的产品。农业生产资料的生产者、销售者应当对其生产、销售的产品的质量负责，禁止以次充好、以假充真、以不合格的产品冒充合格的产品；禁止生产和销售国家明令淘汰的农药、兽药、饲料添加剂、农业机械等农业生产资料。"另外，《治安管理处罚法》《刑法》等对行为人的相应行为直接做出的惩罚性规定，也属于禁止性法律规范。例如《治安管理处罚法》第六十八条规定："制作、运输、复制、出售、出租淫秽的书刊、图片、影片、音像制品等淫秽物品或者利用计算机信息网络、电话以及其他通信工具传播淫秽信息的，处十日以上十五日以下拘留，可以并处三千元以下罚款；情节较轻的，处五日以下拘留或者五百元以下罚款。"

（三）要具备法定职业资格条件

一般情况下，公民从事什么样的行业，法律没有准入禁止性规定，公民只要具备相应的技术技能水平而用人单位或者顾客又能接受，则皆可按照自己意愿从事相应的职业或者工种。但是，对于关系到公共利益或者涉及国家安全、公共安全、人身健康、生命财产安全的职业或工种，在有法律法规或国务院决定作为依据的情况下，国家会设置准入类职业资格，不具备该类职业资格的公民则不能从事相应的工作。例如，大学生毕业后要想从事中小学教师专业技术工作，就必须获得相应的国家教师资格。当然，国家也会根据社会发展对职业资格种类进行依法增减调整。

国家人力资源和社会保障部 2019 年 1 月 17 日公布了新的国家职业资格目录，2021 年 1 月 12 日又针对其中专业技术人员职业资格发布了调整公告（公示）。目前，国家职业资格包括准入类和水平评价类两类共 139 项，其中准入类技能人员职业资格有 5 项，准入类专业技术人员职业资格有 31 项。准入类技能人员职业资格有：消防设施操作员、焊工、家畜繁殖员、健身和娱乐场所服务人员（仅指游泳救生员和游泳、滑雪、潜水、攀岩社会体育指导员）和轨道列车司机。准入类专业技术人员职业资格有：教师资格、注册消防工程师、法律职业资格、中国委托公证人资格（香港、澳门）、注册会计师、民用核安全设备无损检验人员资格、民用核设施操纵人员资格、注册核安全工程师、注册建筑师、监理工程师、房地产估价师、造价工程师、建造师、勘察设计注册工程师、注册验船师、船员资格（含船员、渔业船员）、执业兽医、拍卖师、演出经纪人员资格、医师资格、护士执业资格、母婴保健技术服务人员资格、注册计量师、广播电视播音员与主持人资格、新闻记者职业资格、注册安全工程师、执业药师、专利代理师、导游资格、航空人员资格、特种设备检验与检测人员资格认定。

目前，我国已经建立了比较完善的社会主义法律体系，涉及领域极为广泛，为我国各种内容的劳动提供了保护和规制依据。例如《食品安全法》第三十六条规定，“食品生产加工小作坊和食品摊贩等从事食品生产经营活动，应当符合本法规定的与其生产经营规模、条件相适应的食品安全要求，保证所生产经营的食品卫生、无毒、无害，食品安全监督管理部门应当对其加强监督管理。”这就为从事食品生产经营的个体从业人员提供了法律规范，如果公民违法从事食品生产经营活动，就会承担民事、行政乃至刑事责任。大学生树立合法劳动的法律意识，除了加强相关行业法律知识学习外，平时要多加关注身边或者网络、电视等各种渠道的法律案例，在思想上敬畏法律和引以为戒。

二、劳动教育的劳动法规定

从调整劳动权利与义务的法律依据看，劳动包括劳动法意义的劳动和非劳动法意义的劳动。非劳动法意义的劳动，即受到劳动法以外法律调整的劳动，如大学生利用业余时间提供家教劳务等要受到一般民事法律调整。劳动法意义的劳动，即人们依据劳动法建立劳动关系的劳动，如大学生毕业后入职某公司建立劳动关系要受到劳动法律调整。劳动法是调整劳动者与用人单位之间劳动关系以及与劳动关系密切相关的其他社会关系的法律规范的总称，包括《中华人民共和国劳动法》《中华人民共和国劳动合同法》《中华人民共和国就业促进法》《中华人民共和国劳动争议调解仲裁法》等。劳动法为劳动者的劳动权利提供了法律保障，同时，劳动者也需要遵守法定的劳动义务。

（一）劳动者的劳动权利

劳动者的劳动权利是宪法中公民劳动权利的具体化，主要包括就业权、劳动报酬权、劳动合同权、工作时间与休息休假权、劳动保护权、获得物质帮助权等。

1. 就业权

按照《劳动法》《就业促进法》等规定，劳动者依法享有平等就业和自主择业的权利，劳动者就业不因民族、种族、性别、宗教信仰等不同而受歧视。在录用职工时，除国家规定的不适合妇女的工种或者岗位外，不得以性别为由拒绝录用妇女或者提高对妇女的录用标准。用人单位招用人员、职业中介机构从事职业中介活动，应当向劳动者提供平等的就业机会和公平的就业条件，不得实施就业歧视。未成年工是指年满十六周岁未满十八周岁的劳动者；禁止用人单位招用未满十六周岁的未成年人；文艺、体育和特种工艺单位招用未满十六周岁的未成年人，必须遵守国家有关规定，并保障其接受义务教育的权利。国家保障残疾人的劳动权利，用人单位招用人员，不得歧视残疾人。用人单位招用人员，不得以是传染病病原携带者为由拒绝录用；但是，经医学鉴定传染病病原携带者在治愈前或者排除传染嫌疑前，不得从事法律、行政法规和国务院卫生行政部门规定禁止从事的易使传染病扩散的工作。农村劳动者进城就业享有与城镇劳动者平等的劳动权利，不得对农村劳动者进城就业设置歧视性限制。

2. 劳动报酬权

这是劳动者因履行劳动义务获取的各种形式酬劳的权利。在劳动报酬中，支付工资是用人单位的法定义务。按照《劳动法》等规定，工资分配应当遵循按劳分配原则实行同工同酬。国家实行最低工资保障制度，最低工资具体标准由省、自治区、直辖市人民政府规定并报国务院备案，用人单位支付劳动者的工资不得低于当地最低工资标准。工资应当以货币形式按月支付给劳动者本人，不得克扣或者无故拖欠劳动者工资。劳动者在法定休假日和婚丧假期间以及依法参加社会活动期间，用人单位应当依法支付工资。用人单位安排劳动者延长工作时间的，支付不低于工资的150%的工资报酬；休息日安排劳动者工作又不能安排补休的，支付不低于工资的200%的工资报酬；法定休假日安排劳动者工作的，支付不低于工资的300%的工资报酬。

3. 劳动合同权。这是劳动者依据劳动法建立劳动关系所享有的签订劳动合同以及依法单方与用人单位解除劳动合同的权利。依法与劳动者签订劳动合同是用人单位法定义务，用人单位未与劳动者签订劳动合同须承担相应法律责任。根据《劳动合同法》，用人单位自用工之日起满一年不与劳动者订立书面劳动合同的，视为用人单位与劳动者已订立无固定期限劳动合同；用人单位自用工之日起超过一个月不满一年未与劳动者订立书面劳动合同的，应当向劳动者每月支付两倍的工资；用人单位违反本法规定不与劳动者订立无固定期限劳动合同的，自应当订立无固定期限劳动合同之日起向劳动者每月支付两倍的工资。

劳动者可以单方与用人单位解除劳动合同的法定情形有：①劳动者提前 30 日以书面形式通知用人单位，可以解除劳动合同；②劳动者在试用期内提前 3 日通知用人单位，可以解除劳动合同；③用人单位未按照劳动合同约定提供劳动保护或者劳动条件的；④用人单位未及时足额支付劳动报酬的；⑤用人单位未依法为劳动者缴纳社会保险费的；⑥用人单位的规章制度违反法律、法规的规定，损害劳动者权益的；⑦因用人单位在订立或者变更劳动过程中欺诈、胁迫或者乘人之危致使劳动合同无效的；⑧用人单位以暴力、威胁或者非法限制人身自由的手段强迫劳动者劳动的，或者用人单位违章指挥、强令冒险作业危及劳动者人身安全的；⑨法律、行政法规规定劳动者可以解除劳动合同的其他情形。劳动者因用人单位存在过错而行使劳动合同解除权的，用人单位须依法承担经济补偿金、经济赔偿金、违约金等法律责任。

4. 工作时间与休息休假权

按照《劳动法》规定，国家实行劳动者每日工作时间不超过 8 小时、平均每周工作时间不超过 44 小时的工时制度；用人单位应当保证劳动者每周至少休息 1 日；企业因生产特点不能实行前述规定的，经劳动行政部门批准，可以实行其他工作和休息办法。用人单位由于生产经营需要，经与工会和劳动者协商后可以延长工作时间，一般每日不得超过 1 小时；因特殊原因需要延长工作时间的，在保障劳动者身体健康的条件下延长工作时间每日不得超过 3 小时，但是每月不得超过 36 小时。国家实行带薪年休假制度，劳动者连续工作 1 年以上的，享受带薪年休假。用人单位应当依法安排劳动者休假的节日有：元旦、春节、国际劳动节、国庆节以及法律法规规定的其他休假节日。但是，在法定情形下，用人单位延长工作时间不受《劳动法》相关限制延长工作时间的规定，也无须与劳动者协商。如，发生自然灾害、事故或者因其他原因，威胁劳动者生命健康和财产安全，需要紧急处理的；生产设备、交通运输线路、公共设施发生故障，影响生产和公众利益，必须及时抢修的；法律、行政法规规定的其他情形。

5. 劳动保护权

这是劳动者在劳动过程中依法享有的安全和健康的权利，又称劳动安全卫生权。

从权利保护内容看：一是劳动卫生，主要有防止有毒有害物质危害、防止粉尘危害、防止噪声和强光危害、防止电磁辐射危害、防暑降温、防冻取暖和防潮湿、通风和照明以及卫生保健等。二是劳动安全，主要有工厂的厂房、建筑物、通道、工作场所、生产设备、个人防护用品等安全；建筑安装工程的施工现场、脚手架、土石方工程与拆除工程、高处作业、防护用品等安全；矿山建设、矿山开采等安全。

这些权利内容，国家均有相应法律规定、技术规程以及管理制度作为保障。作为用人单位，必须建立健全劳动安全卫生制度，严格执行国家劳动安全卫生规程和标准，对劳动者进行劳动安全卫生教育，防止劳动过程中的事故，减少职业危害；必须为劳动者提供符合国家规定的劳动安全卫生条件和必要的劳动防护用品，对从事有职业危害作业的劳动者应当定期进行健康检查。根据《职业病防治法》，国务院卫生行政部门、劳动保障行政部门负责全国职业病防治监督管理，国务院有关部门在各自职责范围内负责职业病防治有关监督管理；县级以上地方政府卫生行政部门、劳动保障行政部门负责本行政区域内职业病防治监督管理，县级以上地方政府有关部门在各自职责范围内负责职业病防治有关监督管理。根据《安全生产法》，国务院安全生产监督管理部门对全国安全生产工作实施综合监督管理，国务院有关部门在各自职责范围内对有关行业、领域的安全生产工作实施监督管理；县级以上地方各级政府安全生产监督管理部门对本行政区域内安全生产工作实施综合监督管理，县级以上地方各级政府有关部门在各自职责范围内对有关行业、领域的安全生产工作实施监督管理。作为劳动者，对用人单位管理人员违章指挥、强令冒险作业有权拒绝执行，对危害生命安全和身体健康的行为有权提出批评、检举和控告。

6. 获得物质帮助权

该权利即国家建立基本养老保险、基本医疗保险、工伤保险、失业保险、生育保险等社会保险制度，保障公民在年老、疾病、工伤、失业、生育等情况下依法从国家和社会获得物质帮助的权利。社会保险制度建立的社会保险具有强制性、非营利性和社会保障性，相关主体有义务依法参加。一是基本养老保险。职工应当参加基本养老保险，基本养老保险费由用人单位和职工共同缴纳。参加基本养老保险的个人到法定退休年龄时累计缴费满十五年的，按月领取基本养老金；累计缴费不足十五年的，可以缴费至满十五年，按月领取基本养老金，也可以转入新型农村社会养老保险或者城镇居民社会养老保险后按照国务院规定享受相应的养老保险待遇。二是基本医疗保险。职工应当参加职工基本医疗保险，基本医疗保险费由用人单位和职工按照国家规定共同缴纳。参加职工基本医疗保险的个人，达到法定退休年龄时累计缴费达到国家规定年限的，退休后不再缴纳基本医疗保险费，按照国家规定享受基本医疗保险待遇；未达到国家规定年限的，可以缴费至国家规定年限。符合基本医疗保险药品目录、诊疗项目、医疗服务设施标准以及急诊、抢救的医疗费用，按照国家规定从基本医疗保险基金中支付。三是工伤保险。职工应当参加工伤保险，工伤保险费由用人单位缴纳，职工无须缴纳。职工因工作原因受到事故伤害或者患职业病，且经工伤认定的，享受工伤保险待遇；其中，经劳动能力鉴定丧失劳动能力的，享受伤残待遇。四是失业保险。职工应当参加失业保险，失业保险费由用人单位和职工按照国家规定共同缴纳。劳动者非因本人意愿中断就业，并进行了失业登记和有求职要求，失业前用人单位和本人已经缴纳失业保险费满一年的，失业劳动者有权从失业保险基金中领取失业保险金。五是生育保险。职工应当参加生育保险，生育保险费由用人单位按照国家规定缴纳，职工无须缴纳。用人单位已经缴纳生育保险费的，其职工享受生育保险待遇（包括生育医疗费用和生育津贴）；职工未就业配偶按照国家规定享受生育医疗费用待遇。

劳动者的劳动权利内容相当丰富，除了上述几项外，依据劳动法还享有经济补偿权、参加组织工会权、民主协商参与权、批评检举和控告权、职业培训权、女工和未成年工受特殊保护权、申请劳动仲裁和提起诉讼权等权利。

（二）劳动者的劳动义务

劳动义务是劳动者在与用人单位劳动关系存续期间履职中依法应当承担的义务。按照《劳动法》规定，劳动者的法定义务主要包括完成劳动任务、提高职业技能、执行劳动安全卫生规程、遵守劳动纪律和职业道德等。社会主义制度下，劳动者的权利与义务是相互依存、不可分离的，遵守劳动义务也是社会主义核心价值观的必然要求。我们大学生日后也会步入社会，进入职场，要想充分实现自己劳动权利，就必须认真履行劳动义务。劳动者不遵守劳动义务，则需要依法承担相应法律责任，包括单位处理、行政处罚和刑事追究。

1. 单位处理

这是用人单位依法行使职工管理权的体现。按照《劳动合同法》规定，用人单位应当依法建立和完善劳动规章制度，保障劳动者享有劳动权利、履行劳动义务。对于劳动者不履行劳动义务，用人单位有权依据依法制定的规章制度对劳动者予以处理，处理形式和种类可以由用人单位在不违反法律法规的情况下自行规定，如警告、记过、批评、降级降职、撤职、辞退等。如《安全生产法》第一百零四条规定，生产经营单位的从业人员不服从管理，违反安全生产规章制度或者操作规程的，由生产经营单位给予批评教育，依照有关规章制度给予处分。按照《劳动合同法》第三十九条规定，劳动者存在严重失职、营私舞弊给用人单位造成重大损害、严重违反用人单位规章制度、被依法追究刑事责任等情形的，用人单位有权单方依法与劳动者解除劳动合同。

再如依据《劳动合同法》第四十条规定，劳动者不能胜任工作，经过培训或者调整工作岗位，仍不能胜任工作的，用人单位履行相应法定程序后也可以单方与劳动者解除劳动合同。

2. 行政处罚

国家行政机关对违反行政管理法律法规的行为者会依法给予行政处罚，包括警告、罚款、吊销证照、行政拘留等。一般情况下，用人单位的劳动者的工作行为由其所在单位承担相应的法律责任。但是，如果劳动者在工作过程中对违法后果负有直接责任，尚不构成犯罪的，往往也会成为行政法律责任的追究对象。例如《食品安全法》第一百二十三条规定，违反本法规定，有下列情形之一（如用非食品原料生产食品、在食品中添加食品添加剂以外的化学物质和其他可能危害人体健康的物质等），尚不构成犯罪的，由县级以上人民政府食品安全监督管理部门没收违法所得和违法生产经营的食品，并可以没收用于违法生产经营的工具、设备、原料等物品；违法生产经营的食品货值金额不足一万元的，并处十万元以上十五万元以下罚款；货值金额一万元以上的，并处货值金额十五倍以上三十倍以下罚款；情节严重的，吊销许可证，并可以由公安机关对其直接负责的主管人员和其他直接责任人员处五日以上十五日以下拘留。这就意味着，在违法生产经营食品过程中，用人单位中负有直接责任的主管人员和其他劳动者在法定情形下也会受到行政处罚。

3. 刑事追究

劳动者触犯相关法律规定构成犯罪的，就要受到刑事责任追究，这是劳动者违反劳动义务需要承担的最严厉责任。例如《安全生产法》第一百零四条规定，生产经营单位的从业人员不服从管理，违反安全生产规章制度或者操作规程，构成犯罪的，依照刑法有关规定追究刑事责任。例如《刑法》第一百三十四条对重大责任事故罪规定："在生产、作业中违反有关安全管理的规定，因而发生重大伤亡事故或者造成其他严重后果的，处三年以下有期徒刑或者拘役；情节特别恶劣的，处三年以上七年以下有期徒刑。"其中犯罪主体为企业、事业单位以及各类生产经营者中直接从事生产、作业的人员和直接指挥生产的人员，包括生产工人、技术员、安全员、化验员、检验员、生产调度、段长、矿长、车间主任等人员。

三、高等职业学校劳动教育的法律规定

各级各类学校都具有开展学生劳动教育的职责，但高等职业学校更具有典型性，这是由其培养经济社会发展需要的高技术技能人才目标所决定的。

（一）开展劳动教育是高等职业学校的法定职责

我国《高等教育法》规定，高等职业学校是我国高等学校的组成部分；《职业教育法》规定，职业学校教育分为初等、中等、高等职业学校教育。因此，高职学校是实施职业教育的高等学校。《职业教育法》规定了职业学校的办学宗旨、办学目标和办学方针。该法第一条规定，为了实施科教兴国战略，发展职业教育，提高劳动者素质，促进社会主义现代化建设，根据教育法和劳动法，制定本法。第三条规定，职业教育是国家教育事业的重要组成部分，是促进经济、社会发展和劳动就业的重要途径。第四条规定，实施职业教育必须贯彻国家教育方针，对受教育者进行思想政治教育和职业道德教育，传授职业知识，培养职业技能，进行职业指导，全面提高受教育者的素质。开展劳动教育是高职学校贯彻国家教育方针的必然要求，高职学校开展劳动教育的目的就是为了提高大学生这一未来劳动者的综合素质，包括正确的劳动就业价值观念、较高的思想政治与职业道德素质以及职业技术技能水平等。

（二）接受劳动教育是高等职业学校大学生的权利和义务

目前，包括高职学校在内的高等学校，均已将劳动教育纳入学校人才培养、人才评价和学生管理的必要内容。根据国家教育法律法规规章的授权，高职学校具有对学生实施教育培养与日常管理的职能。根据国家教育法律法规规章的规定，学生具有接受高职学校人才培养评价与学生日常管理的义务。如我国《高等教育法》第五十三条规定，高等学校的学生应当遵守法律、法规，遵守学生行为规范和学校的各项管理制度，尊敬师长，刻苦学习，增强体质，树立爱国主义、集体主义和社会主义思想，努力学习马克思列宁主义、毛泽东思想、邓小平理论，具有良好的思想品德，掌握较高的科学文化知识和专业技能。国家教育部《普通高等学校学生管理规定》指出，学生在校期间依法履行的义务包括遵守宪法和法律、法规，遵守学校章程和规章制度，恪守学术道德，完成规定学业等，并且规定，学生应当参加学校教育教学计划规定的课程和各种教育教学环节的考核；考核和成绩评定方式，以及考核不合格的课程是否重修或者补考，由学校规定。

（三）维护高职学校大学生劳动教育的合法权益

高职学校开展劳动教育过程中，在其职责范围内有义务保障学生劳动安全及其他合法权益。但是，大学生绝大多数已经成年，依法属于完全民事行为能力人，也具有保障自身劳动安全及其他合法权益的能力和义务。组织开展实习实训是高职学校劳动教育的重要载体和形式，这种劳动教育更具有实践性和职业性，但相对其他劳动教育而言，其劳动安全、权益受到侵犯的风险会更高些。学校在开展实习实训等劳动教育之前及过程当中，应当加强劳动安全、劳动保护、劳动纪律、劳动权益等方面的教育，与实习实训单位及学生签订完备的劳动教育权益保障协议，并制定相应的防范和应对措施；作为大学生，也应当掌握必要的劳动安全常识，严格按照安全规程进行实习实训作业和参加其他劳动教育，并严格遵守实习实训等劳动教育纪律规定，从而把劳动教育风险降到最低，甚至完全消除相关风险。

为规范和加强职业学校学生实习实训工作，维护学生、学校和实习单位合法权益，国家教育部、财政部、人力资源和社会保障部联合制定了《职业学校学生实习管理规定》。关于维护学生权益与劳动安全的规定主要有：①职业学校应当选择合法经营、管理规范、实习设备完备、符合安全生产法律法规要求的实习单位安排学生实习。②学生参加跟岗实习、顶岗实习前，职业学校、实习单位、学生三方应签订实习协议。未按规定签订实习协议的，不得安排学生实习。③职业学校和实习单位要依法保障实习学生的基本权利，并不得安排学生到酒吧、夜总会、歌厅、洗浴中心等营业性娱乐场所实习。④接收学生顶岗实习的实习单位，应参考本单位相同岗位的报酬标准和顶岗实习学生的工作量、工作强度、工作时间等因素，合理确定顶岗实习报酬，原则上不低于本单位相同岗位试用期工资标准的80%，并按照实习协议约定，以货币形式及时、足额支付给学生。⑤职业学校和实习单位不得向学生收取实习押金、顶岗实习报酬提成、管理费或者其他形式的实习费用，不得扣押学生的居民身份证，不得要求学生提供担保或者以其他名义收取学生财物。⑥实习学生应遵守职业学校的实习要求和实习单位的规章制度、实习纪律及实习协议，爱护实习单位设施设备，完成规定的实习任务。⑦职业学校和实习单位要确立安全第一的原则，严格执行国家及地方安全生产和职业卫生有关规定。⑧职业学校和实习单位应根据国家有关规定，为实习学生投保实习责任保险。责任保险范围应覆盖实习活动的全过程，包括学生实习期间遭受意外事故及由于被保险人疏忽或过失导致的学生人身伤亡，被保险人依法应承担的责任，承担相关法律费用等。学生实习责任保险的经费可从职业学校学费中列支；免除学费的可从免学费补助资金中列支，不得向学生另行收取或从学生实习报酬中抵扣。⑨学生在实习期间受到人身伤害，属于实习责任保险赔付范围的，由承保保险公司按保险合同赔付标准进行赔付。不属于保险赔付范围或者超出保险赔付额度的部分，由实习单位、职业学校及学生按照实习协议约定承担责任。

第三章 高等职业学校生活劳动教育

毋庸讳言，一些青少年中出现了不想劳动、不会劳动、不珍惜劳动成果甚至鄙视体力劳动的现象，且这种现象呈递增趋势，甚至有很多大学生、研究生也衣来伸手、饭来张口、铺张攀比，且心安理得、理直气壮，认为现在是商品经济社会，只要有钱就可以过这样的生活。

2020年，中共中央、国务院在《关于全面加强新时代大中小学劳动教育的意见》中强调："学生参加家务劳动和掌握生活技能的情况要按年度记入学生综合素质档案。"我国大部分高等学校学生管理工作长期以来采用以约束为主的"保姆式"管理，一些学校精神素质教育不到位，育人功能严重缺失，在高等学校中实施生活劳动教育已迫在眉睫。

第一节 生活劳动教育概述

一、生活与生活劳动

（一）生活

一般而言，对于"生活"含义的解释，有以下几种。

1. 老百姓眼中的生活

常言道："不当家不知柴米贵，要学会节俭。"很多文人墨客就以此为诗，描写老百姓的生活，比较有代表性的是元代《当家诗》："教你当家不当家，及至当家乱如麻。早起开门七件事，柴米油盐酱醋茶。"这首诗将老百姓生活的辛苦劳碌通过七件维持日常生活的必需品表现得淋漓尽致。

2. 马克思对生活的解释

马克思在《关于费尔巴哈的提纲》中，以实践的观点概括了生活概念，将生活理解为处于一定社会关系下感性的人的对象性实践活动。马克思在《1844 年经济学哲学手稿》中写道："人则使自己的生命活动本身变成自己意志的和自己意识的对象。他具有有意识的生命活动。有意识的生命活动把人同动物的生命活动直接区别开来。"

马克思的生活范畴内涵非常丰富，如物质的生活、精神的生活、日常的生活、非日常的生活、国家层面的生活、个体层面的生活等。

3. 陶行知对生活的定义

陶行知对关于"什么是生活"，给出了简明扼要的定义——"劳动即生活""生活即教育"，揭示了生活的基本内涵。

4. 生活的内涵

借鉴以上观点，我们认为生活的内涵可以从以下几个方面理解：

第一，劳动是生活的基础，也是生活的本质。比如上面的例子，生活是通过"开门七件事"这些感性的人的对象性劳动体现出来，生活的载体是劳动。劳动是生活的本质，没有劳动，生活会变成空中楼阁，不复存在。

第二，人的生活是包含自我意识的人的对象化活动。根据马克思《1844 年经济学哲学手稿》中关于生活的论述，我们可以发现，人的生活是包含自我意识的人的对象化活动，实践是人们丰富现实生活、改造现实生活、塑造理想生活的唯一途径。有目的的活动影响或改变生活质量，我们想要什么样的生活，可以朝着这个方向去努力，把自己培养成具备某种能力的人，比如对于作为个体的人来说，我们为了达到某种生活预期而主动、有意识地培养一些好的劳动习惯、劳动素养等。简单地说就是人的实践具有主观能动性。

第三，生活是一个包容和开放的概念。生活不仅包括人类已经产生的一切真实可感的现实活动及过程，还包括即将展开的人们对于未来的预期和结果；既是人们现实存在状态的展现，也包含人们对存在意义和价值的追寻。在这些内容丰富、层次不同的各类生活中，作为个体或群体社会的人，我们应以包容和开放的心态来理解生活的内涵。

5. 美好生活

美好生活是什么呢？在党的十九大报告中，习近平总书记对新时代我国社会主要矛盾的阐释强调了"美好生活"中文明的价值和意蕴。

我们可以从"两个全面"来概括：一个是人的全面发展，另一个是社会全面进步。这"两个全面"是与时俱进的相对概念，其中最关键因素是作为个体的人有意识地促进自己全面发展，一方面要有意识地培养创造美好生活的能力，另一方面还应有意识地培养健康的劳动价值观和体验美好生活的能力。举一个反例，比如有媒体报道的“富二代”吸毒现象，虽然这些现象背后原因可能有很多，但归结起来是缺失健康的劳动价值观、缺失体验美好生活的能力。

陶行知说：“人有两件宝，双手和大脑。一切靠劳动，生活才美好。”人类个体在具有良好的生活习惯、端正的生活态度基础上才能更好地体验和创造美好生活。

总的来看，生活的本质是劳动，人的生活是包含自我意识的人的对象化活动，生活范畴包含内容丰富、层次不同的各类生活，生活是一个包容和开放的概念，人要学会反思和调整，加强人的全面发展和社会的全面发展，共同创造和体验美好生活。

（二）生活劳动

中共中央、国务院《关于全面加强新时代大中小学劳动教育的意见》中强调：“根据教育目标，针对不同学段、类型学生特点，以日常生活劳动、生产劳动和服务性劳动为主要内容开展劳动教育。”其中提出“日常生活劳动”，日常生活劳动是相对于生产劳动和服务性劳动而言的概念，本书对“生活劳动”界定如下：

生活劳动是以个人的家庭、天然的共同体或集体（比如学校、工作场所）等直接环境为基本场所而进行的一种无报酬劳动。生活劳动是指可以直接满足生活需求的劳动，是在具备生活条件的基础上对生活条件进行的改造并直接服务于人的劳动，比如洗衣、做饭、打扫卫生等。

（三）生活劳动教育

生活劳动教育就是使受教育者在生活劳动中树立正确的劳动观点和态度，养成良好的劳动习惯等。比如在家庭层面，通过制作食物、美化家庭环境等家务劳动，可以培养学生的自理自力的能力，养成良好的劳动习惯等；在学校层面，通过整理内务等生活劳动来强化学生的劳动意识，提升学生的劳动素养；在社会层面，将劳动教育与节日结合起来开展活动，通过绿化环境、修理器具等活动来锻炼学生动手能力、增强学生的环保意识等。

二、生活劳动教育的价值

檀传宝在《劳动教育论要》中指出，在教育情境中，劳动价值主要包含“劳动的价值”和“劳动对教育的价值”两个维度，前者指劳动对人类生活的有用性及劳动的社会意义，后者则是指促进人的全面发展的教育意义。

生活劳动是人们更好地从事其他社会劳动的基础和前提，是促进社会再生产良性循环发展的催化剂，生活劳动教育是让受教育者拥有幸福生活能力的基础，是个体成长的起点。

（一）形成正确的劳动价值观

人类个体接受劳动教育应从幼儿期的穿衣、刷牙等生活劳动开始，这个时期幼儿劳动意识开始形成，而很多家长忽略了这一点，甚至到了中学阶段，这种生活劳动都被家长代劳了。有一个记者在采访一位诺贝尔奖获得者时问道："在您的一生里，您认为最重要的东西是在哪所大学、哪所实验室学到的呢?"这位科学家微笑着说："在幼儿园。"在新加坡，一些学校鼓励家长带领孩子到学校做义工，参加一些力所能及的生活劳动，用劳动换取接受教育的资格。

现在很多学生家庭生活优越，在这样环境下长大的孩子，如果缺失家务劳动的启蒙教育，则容易对劳动漠视和冷淡，尤其对生活劳动更是不屑一顾，认为有保姆即可。对于在童年及中学阶段缺乏生活劳动教育的学生，让他们热爱劳动、崇尚劳动，培养他们尊重所有劳动者的情感和态度，生活劳动教育承担着不可替代的作用。

劳动教育最本质、最核心的价值目标是培养受教育者热爱劳动、尊重劳动、以劳动为荣的健康的劳动价值观。生活劳动教育就是一种生活教育，而且是一种最好的生活教育，学生在生活劳动中获得一些生活体验、生活的乐趣、一种现代生活的态度与方式，对以后的人生具有重要的意义。陶行知在《自力歌》中说："滴自己的汗，吃自己的饭，自己的事自己干。"劳动价值观的培养需要从力所能及的生活劳动做起。

（二）养成良好的生活习惯

学生在劳动中获得成就感，会在大脑中建立一个刺激与反应的联结。如果这一联结反复出现，就会形成固定的条件反射，也就是习惯。良好生活习惯与健康息息相关。

良好的生活习惯需要训练才能形成，一般认为，一个习惯的养成需要 21 天，良好的生活习惯可以迁移到学习和未来的工作中。孔子说："少成若天性，习惯如自然。"也就是说，一个人养成的好习惯，就像天性一样稳定，而将来取得的成功都和这些好习惯密不可分。

养成良好的生活习惯，需要家庭、学校、社会协同努力。学校可以充分发挥家长的力量，引导家长培养学生良好的生活习惯。学校可以通过生活劳动教育层层深入地引导学生做到：自己的事情自己做，不给他人添麻烦；在做好自己的事情基础上，力所能及地帮助他人；在做好自己事情与帮助他人的基础上，在更大范围思考为社会做力所能及的贡献。此外，学校和社会也需要创设良好的舆论氛围，为学生劳动习惯的养成形成良好的舆论环境。

（三）提高自理自立能力

自理自立能力包含两个层面的能力——生活自理能力和生活自立能力。

生活自理能力是指人类个体在日常生活中照料自己生活的自我服务性劳动能力。生活自理能力不仅是人类个体生活的需要，在其他方面也有重要的作用。生活自立能力是指人发挥主观能动性克服困难、独立自主、自强不息的奋斗精神，是一种独立自主地发现问题、解决问题的能力，它不仅指生活方面不依赖别人的能力，而且包括工作能力、社交能力、自我驾驭能力以及适应环境能力等。

人人都应具备自理自立的能力。美国哈佛大学的社会学家、行为学家和儿童教育专家曾对波士顿地区 456 名少年儿童进行了长达 20 年的跟踪研究，他们发现，爱干家务的孩子与不爱干家务的孩子，成年后的失业率之比为 1∶15，犯罪率比是 1∶10，且爱干家务的孩子平均收入要高出不爱干家务的孩子 20%左右。此外，爱干家务的孩子离婚率、心理疾病患病率等也较低。

我国大学生生活自理能力差、依赖性强、只会索取而不会给予的现象已非个例，高等学校面临的现实是在培养学生自立能力时首先要培养学生自理能力。而这些能力都需要从学生生活劳动教育做起。

（四）树立自强的岗位责任意识

岗位责任意识就是立足岗位职责，做好分内应该做的事情，承担应当承担的责任，履行应当履行的义务，完成应当完成的使命，并在承担义务当中激发自己的全部能量。

一些高等学校的学生在实习当中缺乏岗位责任意识，在顶岗实习中遇到重活、难活就躲避的现象屡见不鲜。毕业后到了工作岗位，有的责任心不强，在岗不爱岗、不履职，对工作不专心、不用心，频繁更换工作。

有研究显示，有家务劳动固定分工和计划的家庭，学生参与家务劳动的意愿显著高于没有的家庭。在学校里学生是集体生活，班级里势必有维持各种学习生活而开展的班务岗位劳动项目，比如，整理内务时以宿舍为单位，擦玻璃、扫地等各司其职，这些生活劳动岗位分工势必让学生们形成岗位责任意识。

三、生活劳动教育的内容

生活劳动教育的内容按内容层次可分为以下三种。

（一）自理性生活劳动教育

自理性生活劳动教育主要是培养受教育良好的生活习惯和卫生习惯，做好个人的清洁卫生，保持干净整洁的生活工作环境。

（1）每天早晚能及时且用正确的方法主动刷牙。

（2）能自己整理个人卫生、注意个人形象，如洗床单、洗衣、熨衣、缝钉衣扣等。

（3）能整理个人物品，比如叠被、整理衣物，整理衣橱、桌面等。

（4）能正确使用简单劳动工具或用具，并会简单维护，如换墩布头等。

（二）技能性生活劳动教育

技能性生活劳动教育是指在具备自理性生活劳动能力的基础上，掌握一些改造生活资料或生活条件的技能性操作技术，比如炖鱼的料理搭配与步骤、快速叠放衣服的方法、烘烤食品配方的调整等日常家务劳动，扫地机器人的故障排除、洗衣机脏污的清理等常用劳动工具、家具、电器的使用与维修，网络的检测与维护，急救与安全保护等。这些都需要在掌握一定的劳动技能知识后，才能在劳动实践过程中完成。这些技能的获得又会促进相关知识的学习，在知识与技能互相促进中，培育劳动技术应用能力。

（三）审美性生活劳动教育

审美性生活劳动教育是以技能性生活劳动教育更高一层的劳动教育，是创造幸福生活美感的劳动过程，比如在炒菜时切白菜用鱼鳞刀工、蛋糕烘焙的造型设计、出席不同场所搭配衣服、家庭环境的布置与美化、插花艺术、窗帘样式和颜色花型的搭配等，这些都是在掌握一定的劳动技能的基础上的创造美的劳动，属于审美性生活劳动教育。

随着现代科技的发展，人们的生活方式也在改变，生活劳动教育内容也会随时代的发展而不断丰富。

第二节 高等职业学校学生生活的特点与规律

大学生活是众多青年梦寐以求的生活，这里是储备知识、磨砺自我、养成自主生活习惯的场所。我国很重视技术人才的培养，而高等职业学校作为我国高级技能人才的培养基地，高等职业学校的大学生应该担当起肩上的责任，在校期间需要培育良好的生活习惯，形成自觉的生活规律。

一、高职学生生活特点

高职学校的管理没有高中阶段严格，学生拥有更加宽松的生活环境，生活内容丰富多彩。高职学生生源有高中毕业生，还有对口中职学生以及五年一贯制的学生。生源类型的复杂性，使得其除了具备普通高等学校学生的特点外，还有自己独有的特点。

高职学生生活特点主要表现在以下几个方面。

（一）集体性

中学阶段是以家庭生活为主，很多学生住在家里或家人陪读，即便住校，父母也是经常去看，生活上不用操心，衣服、被褥、营养等父母都会代劳，学生只要专心学习即可。大学生一般都离家很远，需要住宿舍，一切都要靠自己打理，以集体生活为主，集体中人与人之间的差异是完善个性的重要因素。校园集体生活有集体的共同目标，在实现集体共同目标中，个体实现其个性发展，比如养成良好的生活习惯、阳光的生活方式和生活理念。

在高职学生集体生活中，一些学生自理能力较强，具有一定的集体和团队意识，一些学生生活懒散、逃避集体劳动、集体责任感弱，以不干活儿或少干活儿为荣，我行我素，做事不考虑对他人、对集体的影响。集体生活劳动教育是训练班级成员自己管理自己、自己教育自己的最好载体。

（二）主动性

总体来说，中学劳动教育活动学生处于被动状态，主要活动是以应试拿高分为核心的学习。高职学生在校生活劳动教育与中学截然不同，独立在校生活基本上脱离了对家长的依赖，转变为主动自觉性的劳动学习。

高校的学生在校生活，也是一种微型的社会生活。集体生活中的同学之间、师生之间、学生与宿管以及教辅人员之间的关系，就是一种校园人际关系、社会关系。高职学生已处于成年阶段，学习知识、技能为真正走向社会打基础，最基本的生活能力应该具备，学生会主动锻炼自己的生活能力，自觉认真地注重自己各种能力的提高，不断提高生活质量，树立完美的生活形象，为日后的求职、成家、交友等做准备。因此，高职学生在校生活劳动教育具有主动性。

（三）社会化

随着社会的发展，大学生活节奏也越来越快，在网络技术发达的今天，新媒体已经成为大学生的新宠，大学也不像中学那样全封闭管理，大学生逐渐以世俗化的身份与角色向社会大家庭过渡，其生活方式既有学校单纯、简单、个性、理想化的特点，也具有一些社会上张扬、奢靡、功利等复杂深刻的生活方式成分，比如以体力劳动为耻，以少劳多得、不劳而获沾沾自喜；蔑视田间工作的农民、清洁环卫工人；攀比奢侈、不珍惜劳动成果等。简单地说就是高职学生的生活方式和思想逐步社会化。

二、影响高职学生生活的因素

影响高职学生生活的因素有很多，既有高职学生个体因素，又有家庭因素、学校因素、社会因素等。

（一）个体因素

高职学生一般在17—22岁之间，个体生理发育已接近或达到成年人的水平，虽然生理发育成熟，但心理素质还未完善和稳定。

1. 自我意识强，但认知能力不足

高职校园环境的特殊性，给予高职学生充分独立生活的机会，许多高职学生可以按照自己的方式安排自己的生活，但由于生活阅历有限，社会实践能力不强，受外界因素影响较大，有些高职学生以别人的生活方式来衡量自己，经不住别人的诱惑，往往就跟着别人学，出现不良攀比现象等。

2. 思维活跃，但个体自制力较弱

大学生正处于个体心理敏感的成长阶段，丰富的情感和奔放的青春活力往往使其思维活跃，但高职生往往自制力较弱，需要在家长和学校的引导下根据自身的特点对生活进行合理规划，制定合理的“生活时间分配表”，在执行过程中逐渐提高自我行动力和自制力。

（二）家庭因素

家庭是学生成长的第一所学校，每个人从出生伊始就受到家庭环境的影响，这种影响往往是多方面且深远的。

1. 家长的“言传身教”影响

往往一个好的家庭环境能让孩子养成健康的生活方式、良好的学习习惯，确立正确的道德规范和为人处事之道。反之，比如父母认为只要孩子学习成绩好，别的事情都不重要，父母包办了孩子洗衣服、整理卫生、晒被子等几乎所有卫生整理，这样家庭出来的孩子往往自理能力较弱。

2. 留守儿童家庭的影响

“00后”很多都有留守儿童的经历，这些经历往往让他们自理自立能力较强。但缺乏父母细心呵护和关爱，这些孩子中很多人我行我素、性格孤僻、不善沟通，不能很好地融入集体生活。

（三）学校因素

高职学校不仅是传授知识的地方，更是一个完善和提高高职学生综合素质的地方，学校的教育理念、培养模式以及校园文化等直接影响着学生的个体发展及完善程度。

1. 劳动教育的缺乏

应该说，一定程度上这是应试教育的后遗症。在中学阶段，学校往往过于强调学生成绩的提高，过分强调升学率问题，不重视基本素养的培养，很多学生没有正确的劳动观点，没能养成良好劳动习惯。

2. 高职学校管理方式和理念的影响

高职学校是否具有积极的、健康向上的环境和育人理念、管理模式，都直接影响着高职学生的正确生活观念及良好生活习惯的养成。

（四）社会因素

社会的快速发展，对高校学生思想观念、生活方式等方面都产生了较大影响。

1. 社会要求的影响

当今社会的竞争日益激烈，对大学生各方面的基础素质、技术水平、专业素养的要求越来越高，高等学校的学生面临的压力很大。一些学生能把压力变动力，奋起拼搏，发愤图强，但一些学生遇到困难则异想天开“走捷径”，迷失了自己。

2. 网络的影响

网络的普及，新媒体的出现，为“00后”提供了开阔的视野和丰富的信息知识来源。但是各类信息鱼龙混杂，蜂拥而至，对于心智还不成熟的大学生而言也是场考验，有的产生了网络依赖症，脱离了现实生活，打乱了正常的生活规律。

三、高职学生的生活规律

有规律的生活能使大脑皮层在机体内的调节活动形成有节律的条件反射，这是健康的必要条件。高职阶段是养成良好生活规律的关键期，据相关调查资料显示，高职学生中只有少数人生活规律，大部分学生自制能力较差，生活不规律。高职学生应树立正确的生活观，遵循高职学生的健康生活规律特点，主动培养自己健康规律的生活习惯，把生活、学习安排得井井有条，为能担当起国家建设者和接班人的重任打好基础。

（一）作息制度化

学校作息制度是学校管理制度的重要组成部分，科学、合理的作息制度对于学生身心健康发展有着重要意义，对高职学生的全面发展起着积极的作用。

学校应根据高职学生生长发育特点制定科学、合理的作息表，并加强对作息制度实施情况的监督和指导，使学生能劳逸结合，合理有效安排生活，养成良好的生活习惯，逐步做到生活能自理、管理能自治、作息能规律。

怎样才算健康科学的作息呢？国际上并没有统一标准，可参照《黄帝内经》里的顺时养生法，其中内容包括：子时（23:00—1:00）睡觉以保护阳气，卯时（5:00—7:00）空腹喝水以排出毒素，辰时（7:00—9:00）要吃营养均衡的早餐，巳时（9:00—11:00）是工作学习的第一个黄金时间，午时（11:00—13:00）睡好午觉以养阳气等。

（二）饮食规律化

饮食规律化是指饮食要定时定量，根据身体特点合理均衡饮食，养成良好的饮食习惯。食物是身体健康的重要保证，合理地安排饮食，保证机体有充足的营养供给，才能使身体健康成长，增强适应自然界变化的能力，增加抵御致病因素的力量，保证身体各项功能健康稳定。

高职学校的学生，生活饮食主要来自学校餐厅，餐厅食品的配置、营养的搭配、开放的时间，有一定的规律，符合学生的健康要求。但是也存在饮食不规律的现象，主要表现在有的学生遇到喜欢吃的会暴食，不喜欢吃的就肆意浪费，不珍惜他人劳动成果，不懂得营养搭配。高职学校应根据自己的条件定期组织一些生活劳动，定期举行营养合理搭配与膳食平衡的讲座，让学生了解相关知识，并亲身体会到创造劳动成果的辛苦和快乐。《朱子家训》中说“一粥一饭，当思来处不易；半丝半缕，恒念物力维艰”，只有亲身体会到劳动的辛苦，才能真正感受到食物之美，才会改掉偏食、浪费食物的坏习惯。

总的来说，规律的饮食习惯，是保证机体正常新陈代谢的基础，是学习、工作、生活的基本保障，高等学校应正确引导学生形成健康的饮食观，养成良好的生活饮食习惯，促进学生的健康成长。

（三）运动生活化

这里的“运动”不仅包括健身运动、体育课，还包括生活劳动。运动生活化是指运动进入生活的每一个环节，比如去教室的路上随时捡起垃圾、在家做一顿丰盛的午餐等都是运动生活化的表现。

很多高职学生喜欢体育运动，但却厌恶体力劳动；生活邋里邋遢，却热衷肌肉训练。实际上适度的劳动，不仅能锻炼身体，还能陶冶情操。《三国志·魏书·华佗传》记载：“人体欲得劳动，但不当使极尔。动摇则谷气得消，血脉流通，病不得生。譬如户枢，终不朽也。”说的就是劳动能起到锻炼身体的作用。

（四）卫生公共化

卫生公共化是指个人卫生校园化，校园卫生社会化。也就是个人卫生纳入整个学校范围评比，校园卫生纳入学校形象建设。

个人卫生、宿舍卫生、校园卫生等对学生身心健康发展至关重要。好的卫生环境体现健康的审美情趣，有助于陶冶情操、完善个人素质；良好的宿舍环境有利于同学之间增进友谊和感情，有利于培养学生的主人翁精神和集体荣誉感，体现大学生精神面貌。而学生宿舍卫生管理如何更关系到学校形象，反映着学风、校风，是学校校园精神文明建设、和谐校园建设的重要组成部分和重要保证。

在国内疫情防控进入常态化阶段的今天，以学生集体生活为主的高职学校，其卫生状况已经不再是自己的事情，而是关系到千家万户健康的事情。高职学校的学生和管理层都应把在校学生的个人卫生、宿舍卫生、校园卫生等提到公共卫生的高度去重视。

第三节 高等职业学校学生生活劳动教育

高职学生生活劳动教育，应在设计灵活有效的生活劳动活动中，在学生最普通、最熟悉的生活情境中去呈现问题，引导他们通过生活劳动去感受生活，引导学生积极、健康、有意义地去劳动，从而让学生在喜闻乐见、身临其境的活动中逐渐形成正确的生活态度和价值观。

一、内务整理

内务整理是最为常见的校园生活劳动，是一个人自理自立能力的体现，也是劳动习惯养成的重要载体。高职学校的学生在校期间正是形成自理自立能力的重要时期，所以内务整理是校园生活劳动教育的重要内容。

（一）内务整理的目的

1. 能正确使用各种劳动工具。
2. 学会整理内务的方法与技巧，提升自理自立水平。
3. 树立劳动安全意识。
4. 感受生活劳动过程的辛苦与收获劳动成果的快乐。
5. 逐步养成“勤整理”“会整理”“善整理”和“爱整理”的良好生活劳动习惯。
6. 培养自信心，培养团结合作和勇于担当的精神。

（二）内务整理的教育价值

内务整理教育旨在让学生在整理内务的劳动过程中树立正确的劳动观念、积极的劳动态度，养成良好的劳动习惯和生活习惯。这些是人的全面发展的重要组成部分，对促进高职学生将来成为具有较高劳动素养的技术技能型人才，培养其高尚的道德品质和顽强的意志，发展其聪明才智及动手能力都有重要作用。

内务整理的场所是每个人生活学习的场所，内务整理劳动教育可以培养学生的自理能力、团队合作能力，增强个人的独立性和责任感，塑造正确的人生观、价值观、世界观。

整洁、美观、优雅的室内环境，可以营造良好心境，犹如细雨润物，使学生获得心理上的平衡。一个安静、和谐的学习与生活空间，可以催人奋进，可以影响学生对事物的判断和看法，可以改变学生的学习与生活方式，促进他们更好地生活和学习。

（三）内务整理的内容

内务整理起源于军训，就是学生在军训期间每日打扫房间内的卫生，做好衣物、被子、洗漱用品的摆放等。对于高职学校的在校生而言，内务整理是指每天要做到以下内容：

（1）寝室内个人物品及公共物品摆放整齐。

（2）被子叠成“豆腐块儿”，床单平整，被褥洁净。

（3）地面洁净无污迹，纸篓无垃圾，墙面洁净无乱张贴。

（4）门面窗台无污迹、无灰尘、无划痕，窗户玻璃干净明亮。

（5）寝室成员要遵守校规校纪，不做影响自己和他人安全的行为。

（四）内务整理的劳动过程

1. 劳动分组

成立本班级领导小组，确定各劳动小组负责人。比如本班级领导小组可由班长、团支书、生活委员等组成，各劳动小组负责人可由宿舍长等担任。

2. 拟订方案

以劳动小组为单位或几个小组合作讨论，观察劳动场地，观察自己或他人宿舍，并完成以下内容：

（1）制定预防劳动安全隐患的措施。如不能爬到不安全的地方（具体到位置），擦拭插座时不能用湿抹布，注意门、床等是否有破损毛刺、铁钉等。拟定安全防护措施，经老师或有关负责人审核后严格执行。

（2）制订劳动标准。如玻璃要擦到什么程度，柜子如何摆放等。

（3）拟订所需物品、工具等，注意清洁剂、抹布等的选择。

（4）拟订劳动程序及分工等。注意分工协调，最大限度节约时间和人力、财力，做到热爱劳动但不重复劳动。

3. 安全预案

由负责老师汇总各组劳动安全预案及防护措施，并由各组填报劳动安全预案及防护措施执行表，如表 3-1。

表 3-1　劳动安全预案及防护措施执行表

序号	安全隐患内容	对应防护措施	本组隐患部位执行人意见	本组隐患部位监督人意见	带队老师意见
1					
2					
3					
…					

4. 准备工具物品

所需物品、工具等统一由学校准备，由各小组根据本组劳动预案认领。各小组所需特殊物品及工具自行准备。

（1）认领脸盆、扫把、抹布、清洁剂等打扫清洁所需工具和物品。

（2）认领本次劳动必需的防护物品，如手套、衣服等。

（3）自行准备拍照用的手机或相机等。

5. 劳动过程

（1）用事先准备的拍照工具拍下未劳动前现状图。

（2）按本组拟定程序和分工开始劳动。

（3）劳动结束后，整理劳动工具并拍照。

（4）撰写劳动心得体会。劳动心得体会至少包括以下内容：从劳动态度、劳动安全意识、劳动过程中耐心和细心、同学团结互助、劳动技能等方面去总结本次劳动认识中的闪光点，反思劳动中的不足，寻找改进措施，撰写自己的感悟和最深的体验等。心得体会要求真实，能够在总结反思中正确认识劳动、尊重劳动、热爱劳动，养成良好的劳动习惯。

（五）内务整理的劳动效果评价

内务整理的劳动效果评价分为劳动态度评价、劳动过程评价、劳动结果评价。采用百分制，通过加权进行核算，劳动态度评价占 30%，劳动过程评价占 40%，劳动结果评价占 30%。评价表见表 3-2 、表 3-3、表 3-4。

表 3-2　劳动态度评价表

劳动项目：　　评价对象：　　评价人：　　评价日期：

评价项目	分值	学生自评	组内学生互评	教师评价	总评
参加劳动的目的	20				
参加劳动的次数	30				
对待劳动任务的责任意识	30				
劳动的大局意识	10				
劳动心得体会	10				

表 3-3　劳动过程评价表

劳动项目：　　评价对象：　　评价人：　　评价日期：

评价项目	分值	学生自评	组内学生互评	教师评价	总评
能否服从安排	20				
团队意识与合作精神	20				
劳动过程中的情绪	20				
劳动行为表现	40				

表 3-4　劳动结果评价表

评价项目	最高分值	学生自评	组内学生互评	教师评价	总评
床上	10				
床下	10				
个人物品	10				
洗漱用具	10				
橱柜	10				
地面	10				
窗户	15				
制度	10				
洗手间	15				

宿舍卫生标准：

（1）床上。被子枕头叠放整齐，床单干净平展，床上不能放置任何其他物品。

（2）床下。床下物品最大限度地往里放，不外露。床下要做到干燥、整洁、无死角，鞋子摆放要整齐有序。

(3) 个人物品。个人生活及学习用品，如行李箱整齐放在规定位置，衣服收入橱柜内，日记本与书籍整齐摆放在书架（桌）上。拖鞋保持干净并整齐放于床下，小物件收入收纳盒（箱）中。

(4) 洗漱用具。将毛巾两折后整齐搭放于床栏杆上。牙膏、牙刷放于牙缸内，整齐地放于桌面。洗衣粉、香皂和洗头水放于脸盆内，脸盆无脏水，整齐地放于床下。暖壶整齐地摆放于地上；

(5) 橱柜。橱柜要保持清洁。

(6) 地面。清扫干净，无垃圾杂物，用拖布拖净。

(7) 窗户。无灰尘，干净透亮。

(8) 制度。校规章制度张贴在门后面，要保持清晰整齐，粘贴牢固。

(9) 洗手间。地面无杂物用拖布拖净。便池内水冲净，周围无杂物，纸篓每天清理，经常开窗通风。

❖ 流水作业知识链接

流水作业模式来自工业生产，把它引进校园生活劳动，更能锻炼学生的逻辑思维和团队合作能力。流水作业就是，一道道相互衔接的工序顺序进行，比如先上后下、先内后外。总的来说是按劳动特点以合理的顺序和人员安排，最大限度地利用人和工具，是一种高效的团队劳动模式。以宿舍的清扫为例：可先打扫天花板，再打扫墙壁、窗户，最后收拾地面。如果宿舍有 a、b 两个玻璃窗，劳动工具有限，只有一个擦玻璃器，一个窗台清洁器，甲乙两个人来完成，分工是甲擦玻璃，乙擦窗台。甲先擦 a 玻璃，乙暂且干窗户以外的活儿（如清理墙壁，注意乙不能闲着），当 a 玻璃擦完后，甲开始擦 b 玻璃时乙开始清洁 a 窗台；当 b 玻璃擦完后，甲可清理墙壁（注意不能闲着），此时乙开始清洁 b 窗台。

❖ 劳动技巧链接

本链接只做参考，学生可以发散思维，通过搜集资料、观看视频、询问家长等途径，找出适合自己的更好的办法。劳动不仅创造美好生活，也能发掘人类的聪明才智。

1. 叠军被

即叠豆腐块儿被子，被子叠得像刀切出来的豆腐块儿，一床标准豆腐块儿被子还不够，每床都如此才能体现出宿舍的风采、集体的魅力。具体操作如下：

第一步，叠被子首先要掌握比例问题，要想叠成豆腐块儿被子，必须计算好比例，这样叠出来才会标准。最有效的方式就是找中心，在叠第一步时，要将被子叠成三叠，差不多是被子宽的三分之一。计算第一层盖过被子中心线的距离，这个距离由被子的厚度决定。每叠好一层就要压平棉絮，这样被子才会服帖，而且棱角也要不断压才会挺括立体。

第二步，就是将两端向中间折叠，方法同样先找准中心线。将一只手指放在中心线上，卷起一端，离中心线一掌的距离叠好，整理好被子的边角，而且要压实被子的折叠部位。两端留同样的距离，保证卷过来的两条线一样长，而且每次折叠都要压平棉絮，这样被子才会平实均匀。

第三步，就是将中心垒起来，将两只手掌并拢朝下，手指抓住中心以下的整个厚度，向上翻，手心对立，这样将被子中心地带垒起来的，并沿着折叠到中线的两端边缘为线，画出凹槽，为被子能立起来打下基础。最后将两端叠在一起，拉好被子中间的两条线，这样军被豆腐块儿就基本成形了。

但是标准的叠军被是要靠“三分叠，七分理”。在叠成形的基础上理出棱角，这样才会更像方正的豆腐块儿。用手指尖提拉，手掌压，手指刮，只要手能办到的通通用上，理出笔挺的棱角。一床军被标准还不够，一床床军被整齐统一才能体现出军营的风采、集体的魅力。所以要求每件东西都摆放在固定的位置，而且摆放的顺序也很重要。这就要求学生注重每一个细节，让他们在动手中养成良好的生活习惯。

2. 衣服整齐

上衣：最重要的是把它的正面铺平整。手放在衣服中间，然后往两边铺。因为折叠的话，袖子的宽度会比衣服长，为了让衣服大小一致，两只袖子应该交叉叠，再把衣服对叠两次。

长裤：每条裤子的两条裤腿上都有一条线，线与线对齐，裤腿折叠起来，再对折成文具盒一般长。

二、烘焙糕点

烤箱已经作为常见的家电进到千家万户，烘焙糕点也成为日常家庭生活劳动的重要内容之一。

（一）烘焙糕点的目的

（1）了解烘焙食品制作流程。

（2）掌握海绵蛋糕的基本做法和具体操作方法。

（3）学会烤箱、打蛋器等工具的使用方法。

（4）树立劳动安全意识，如用电、操作、食品安全意识。

（5）培养匠心、协作精神。感受劳动的快乐，珍惜劳动成果。

（二）烘焙糕点劳动教育的价值

随着生活水平的提高，烘焙食品已经摆上了我们的餐桌，“会做、会吃”已经是日常生活劳动的一个重要组成部分。这些不仅仅是为了满足人们生存的需要，而且在多数情况下与提高健康水平和对家庭的热爱联系起来，同时也表现为个人的兴趣和对生活品位的追求。

1. 培养高职学生对生活的热爱

制作一款令人满意的烘焙糕点，融入自己的兴趣、爱好，劳动成果给自己带来快乐，为家人带来幸福，是一种积极乐观的生活态度。

2. 培养高职学生爱干家务的习惯

学生可以在烘焙糕点的制作中发挥创造力，融入自己的审美情趣，制作出符合自己口味的糕点，由此更加热爱劳动，珍惜劳动成果。

（三）烘焙糕点的内容

糕点类食品是指以粮食（米、面）、糖、油脂、蛋、奶、果仁等为主要原料，加适量的食品添加剂，经配制、成型、烘焙熟制工艺制成的一类方便食品，主要包括面包、蛋糕和点心三大种类。

（四）烘焙糕点的过程（以海绵蛋糕制作为例）

1. 劳动分组

成立班级领导小组，确定劳动小组负责人。比如班级领导小组可由班长、团支书、生活委员等组成，劳动小组负责人可由宿舍长等担任。

2. 观看视频

播放蛋糕制作过程视频，由老师现场演示制作。

3. 拟订方案

（1）首先明确制作过程、所需原材料及工具。

（2）注意劳动安全，如烤箱的规范使用。拟定安全防护措施，经老师或有关负责人审核后严格按此规范执行。

（3）分工。估算每个制作过程所需时间，做好分工衔接，如烤箱预热所需时间、蛋糕糊制作所需时间，然后确定烤箱何时开始预热，防止预热时间太长浪费电力等。

（4）拟订劳动程序（流水线）及人员分工等，注意分工协调、流水线衔接，最大限度节约时间和人力、财力。

（5）拟订制作过程中的卫生要求，如清洁的粉勺、盛器、橡皮刮刀，如何戴口罩、头套，擦拭工具的抹布消毒处理等。

4. 安全预案

由指导老师汇总劳动安全预案及防护措施，并由各组填报，如表 3-5。

表 3-5 劳动安全预案及防护措施执行表

序号	安全隐患内容	对应防护措施	隐患部位监督人意见（老师或父母等）	指导老师意见
1				
2				
3				
…				

5. 工具物品准备

所需物品、工具等统一由学校准备，由各小组根据本组劳动预案认领。各小组所需特殊物品及工具自行准备。

（1）准备劳动所需原材料、工具和物品等。

（2）准备劳动必需的防护物品，如手套、衣帽等。

（3）准备拍照用的手机或相机等。

6. 劳动过程

（1）用事先准备的拍照工具拍下制作过程及成品。

（2）按拟定程序和分工开始劳动。

（3）劳动结束后，整理劳动工具，打扫劳动场地卫生并拍照。

（4）撰写劳动心得体会（参考内务整理的相关要求）。

（五）烘焙糕点的评价

海绵蛋糕制作的劳动效果评价分为劳动态度评价、劳动过程评价、劳动结果评价。采用百分制，通过加权进行核算，劳动态度评价占 30%，劳动过程评价占 40%，劳动结果评价占 30%。评价表见表 3-6 、表 3-7、表 3-8。

表 3-6　劳动态度评价表

劳动项目：　　评价对象：　　评价人：　　评价日期：

评价项目	分值	学生自评	组内学生互评	教师评价	总评
参加劳动的目的	20				
参加劳动的次数	30				
对待劳动任务的责任意识	30				
劳动的大局意识	10				
劳动心得体会	10				

表 3-7　劳动过程评价表

劳动项目：　　评价对象：　　评价人：　　评价日期：

评价项目	分值	学生自评	组内学生互评	教师评价	总评
能否服从安排	20				
团队意识与合作精神	20				
劳动过程中的情绪	20				
劳动行为表现	40				

表 3-8　劳动结果评价表

劳动项目：　　评价对象：　　评价人：　　评价日期：

评价项目	最高分值	学生自评	组内学生互评	教师评价	总评得分
食品卫生安全：手套、衣帽是否整洁，所用器具、操作台面是否清洁干净，鸡蛋皮的处理等	20				
操作技能：蛋黄糊的拌和、蛋白的打发、调糊的控制、注模的烘烤的控制	50				
蛋糕感官评价：形状、色泽、风味、创意	20				
环境卫生清理	10				

❖ 相关劳动知识、技巧链接

戚风蛋糕的由来：戚风蛋糕是英文 Chiffon Cake 的音译名词，大家可以查一下 Chiffon 的中文释义——如绸缎一般柔软。所以，戚风蛋糕的口感是异常松软，膨胀后的体积是一般蛋糕的 2 倍，水分高，组织膨松，味道清雅。

1. 制作原理

蛋糕是以蛋、糖、面粉及油脂为主要原料，经调制成发松的面糊，浇入模盘，烘烤后制成的一种组织松软的糕状制品。在烘烤过程中，面粉中的蛋白质和鸡蛋中的蛋白质受热凝固，包含着空气泡形成多孔骨架，而淀粉糊化后被黏结在骨架上构成蛋糕本体。

2. 材料与设备

（1）实验材料及配方。

低筋面粉、鸡蛋、白砂糖、油、柠檬、牛奶等。

（2）设备。

不锈钢盆、电子秤、橡皮刮刀、面粉筛、六寸蛋糕磨具、打蛋机、烤盘、烤箱等。

3. 配方（以 6 寸蛋糕为例）

低筋面粉 50 克、鸡蛋 3 个、白砂糖 38 克、油 38 克、牛奶 38 克、柠檬汁 1.1 克。

4. 操作要点

（1）称量好以上所需原料。

（2）蛋清蛋黄分离。

将蛋黄和蛋清分离，注意盛放蛋清的打蛋盆一定要保证无油无水。

（3）蛋黄糊制作。

首先，将事先分离好的蛋黄放入蛋黄盆中，倒入 38 克调和油和 38 克牛奶（水也可以），并搅拌均匀。

然后，将称好的面粉筛入蛋黄液中，再用橡皮刮刀轻轻地翻拌均匀。注意不要有面疙瘩，不要画圈搅拌，以免导致面粉起筋，影响蛋糕口感。

（4）蛋白糊制作。

先将称好的白糖平均分成三等份放好，然后用电动打蛋器第一档转速搅打蛋盆中的蛋清，同时加入事先称好的柠檬汁，分三次加入白糖。分次加入是为了防止一次性加入过多糖粉阻碍蛋清起泡，分次加入的时机注意观看视频和老师解说。

（5）蛋糕糊制作。

先将打发的蛋白膏盛 1/3 至蛋黄糊中，依然采用翻拌的手法（从下往上翻拌）将它们混合均匀。然后再把混合好的蛋黄糊全部倒入蛋白盆中，用同样的手法翻拌均匀

（注意不要消泡），直到充分混合为止。

（6）装模。

面糊调制好后应迅速入模，蛋糊入模量为模具体积的 2/3—3/4。

（7）烘烤。

入模完成后立即放入炉中烘烤，温度 160 ℃—165 ℃，大约 25 分钟。

（8）脱模。

烤至蛋糕成熟，表面呈金黄色，关掉烤箱，出炉，倒扣放凉、脱模。

三、制作酸奶

很多人喜欢喝酸奶，尤其很多老人有乳糖不耐症，更需要酸奶来补充营养。酸奶制作简便易行，高职学校学生可通过做酸奶来关爱身边的人，关爱老人，增强为社会服务的意识。

（一）制作酸奶的目的

（1）了解酸奶制作一般过程、基本原理、操作方法。

（2）树立劳动安全意识。

（3）树立劳动创造美好生活的观念，培养团结协作精神。

（4）引导学生关注食物营养搭配及膳食平衡，养成良好的生活习惯。

（二）制作酸奶的内容

酸奶是酸乳的俗称，是指在乳中接种保加利亚杆菌和嗜热链球菌，经过乳酸发酵而成的凝乳状产品，成品中必须含有大量的活菌。酸奶的分类有很多种，按成品的口味可分为天然纯酸乳、加糖酸乳、调味酸乳、果料酸乳、复合型或营养健康型酸乳、疗效酸乳。按制作方法不同可分为凝固型酸奶和搅拌型酸奶。本例劳动制作的酸奶是以超市中购买的原味酸奶为接种菌，以纯牛奶为原料制作的一款凝固型酸奶。

（三）制作酸奶的意义

酸奶是一种营养丰富、易于消化的饮料，很多人都很喜欢喝酸奶，尤其是乳糖不耐受的人，对酸奶更是情有独钟。

酸奶的制作，需要一定的知识和技能，还可以制作自己喜欢的口味，融入自己的创造和审美，不仅能提升审美能力和智力水平，还能让学生更加热爱劳动，从而养成良好的劳动习惯。

（四）制作酸奶的过程（以原味酸奶制作为例）

1. 劳动分组

成立班级领导小组和劳动小组负责人（或由自己独立完成）；班级领导小组可由班

长、团支书、生活委员等组成，劳动小组负责人可由宿舍长等担任。

2. 观看操作视频

播放酸奶制作过程视频，由老师现场演示制作。

3. 拟订方案

（1）首先明确制作过程、所需原材料及工具。

（2）排查劳动安全隐患，并拟定安全防护措施，经老师或有关负责人审核后，严格按劳动安全预案及防护措施执行表实施。

（3）拟订劳动过程中的卫生要求，注意食品卫生安全隐患，如原材料是否合格、工器具消毒、口罩头套正确戴法等。

（4）拟订劳动人员分工等，注意分工协调、流水线衔接，最大限度节约时间和人力、财力。

由负责老师汇总各组劳动安全预案及防护措施，并由各组填报，如表 3-9。

表 3-9 劳动安全预案及防护措施执行表

序号	安全隐患内容	对应防护措施	本组隐患部位执行人意见	本组隐患部位监督人意见	带队老师意见
1					
2					
3					
…					

4. 工具物品准备

所需物品、工具等统一由学校准备，由各小组根据本组劳动预案认领。各小组所需特殊物品及工具自行准备。

（1）认领劳动所需原材料、工具和物品等。

（2）认领劳动必需的防护物品，如手套、衣帽等。

（3）自行准备拍照用的手机或相机等。

5. 劳动过程

（1）用事先准备的拍照工具拍下制作过程及成品。

（2）按拟定程序和分工开始劳动。

（3）酸奶做好后，整理劳动工具。

（5）送到福利院或敬老院。

（6）撰写劳动心得体会。

（五）制作酸奶的评价

制作酸奶的劳动效果评价分为劳动态度评价、劳动过程评价、劳动结果评价。采用百分制，通过加权进行核算，劳动态度评价占30%，劳动过程评价占40%，劳动结果评价占30%。评价表见表3-10 、表3-11、表3-12。

表3-10　劳动态度评价表

劳动项目：　　评价对象：　　评价人：　　评价日期：

评价项目	分值	学生自评	组内学生互评	教师评价	总评
参加劳动的目的	20				
参加劳动的次数	30				
对待劳动任务的责任意识	30				
劳动的大局意识	10				
劳动心得体会	10				

表3-11　劳动过程评价表

劳动项目：　　评价对象：　　评价人：　　评价日期：

评价项目	分值	学生自评	组内学生互评	教师评价	总评
能否服从安排	20				
团队意识与合作精神	20				
劳动过程中的情绪	20				
劳动行为表现	40				

表3-12　劳动结果评价表

劳动项目：　　评价对象：　　评价人：　　评价日期：

评价项目	最高分值	学生自评	组内学生互评	教师评价	总评
色泽、组织状态	30				
滋味、气味	30				
创意	20				
手套、衣帽整洁，所用器具、操作台面清洁干净	20				

※ 相关劳动知识、技巧链接

1. 制作原理

酸奶是以鲜奶为原料，经灭菌后，接种乳酸菌类发酵而成。乳酸菌利用乳中的乳糖生成乳酸，当酸度达到蛋白质等电点时，酪蛋白因酸而凝固，即成酸奶。

2. 原料与设备

纯牛奶、原味酸奶、保鲜盒、勺子、酸奶机等。

3. 配方

1 升纯牛奶用 1 袋原味酸奶。

4. 操作要点

(1) 准备

准备好以上所需原料、设备。

(2) 消毒

用刚刚烧开的沸水冲烫容器、容器盖和搅拌的工具（勺或筷子），对其进行杀菌消毒。水烧开后冲烫，保持 2 分钟。

(3) 接种

将常温奶放酸奶机（40 ℃左右），向牛奶中加入乳酸菌种（牛奶与酸奶的比例为 10：1—5：1），用勺子充分搅拌，还可加入 5％—10％的蜂蜜或绵白糖，搅拌均匀，盖上盖子。

(4) 前发酵

一般发酵 6—8 小时即可，可以根据自己的口味来调整发酵时间，发酵时间越长酸度越大。

(5) 冷却

又称后成熟。刚做好的酸奶酸味比较淡，口感不够好，应将其放入冰箱（0—4 ℃）冷藏 12 小时以后食用，口感会较好，酸甜适中。品尝时还可酌情加入蜂蜜或糖、水果。一般最大冷藏期为 14 天。

第四章 高等职业学校校园劳动教育

第一节 校园劳动教育概述

一、校园与校园劳动

（一）校园

一般指学校可使用范围（包括教学活动、课余运动、学生和某些与学校相关人员日常生活）内的区域。

（二）校园劳动

校园劳动是指学生在校园里依照一定的规则、方法和纪律，利用自己所学的知识，对校园进行净化、绿化、文化建设及专业实践时进行的劳动。

（三）校园劳动教育

顾名思义，校园劳动教育就是利用校园劳动对学生进行劳动教育，引导学生树立正确的劳动观念，充分认识劳动价值，学会尊重劳动成果，养成良好的劳动习惯，积累一定的劳动技能，借以培养学生的社会公德和社会责任感，督促学生成为合格的社会主义事业建设者和接班人。

二、校园劳动教育的价值

（一）培育学生公益性劳动思想

通俗地讲，公益就是“为人民服务不求回报”。公益活动是公民参与精神的象征。公益精神是一种社会责任感，是利他前提之下的社会事务参与意识，归根到底是一种奉献精神。我们的社会提倡“多劳多得，不劳不得”，但是并不是所有的劳动付出都要求得到物质或金钱的回报。社会上有些人功利心很严重，无论干什么事都先问我能得到什么，要么是名，要么是利。在这样的心理主导下，这些人所有行为的目的都指向“利”，最后变成自私自利。一个文明健康的社会形态需要公益精神，它可以促进社会的和谐发展和繁荣稳定。校园劳动完全是公益活动，通过认真劳动，让大家看到校园因自己的努力而变得更加美丽，听到来自老师的肯定和同学的认可，自然会产生一种因奉献而带来的快乐感。苏联著名的教育家苏霍姆林斯基说：“对人来说，最大的欢乐、最大的幸福是把自己的精神力量奉献给他人。”由校园劳动产生的快乐的心理体验，能让学生充分体会到公益的意义和价值，提高学生的社会服务意识和责任意识。

（二）养成维护良好校园环境的习惯

在校园劳动过程中，学生亲自动手，让教室、实验室、宿舍、操场等不同地点都变得洁净、美丽，亲眼见证自己劳动的价值，在老师和同学的肯定和赞许中得到幸福感，感受整洁优美的环境带来的舒适感，在长期的坚持中养成主动维护良好校园环境的习惯；还可以通过自己在扫、擦、装、运的过程中付出的辛苦，懂得尊重校园保洁工人和城市环卫工人的劳动成果，改变以往随地吐痰、随手扔垃圾等不文明行为，培养主动进行垃圾分类、保持环境清洁的意识和行为习惯。这样，走入社会后，也能主动自觉地维护周围环境的整洁，这对于学生综合素养的提高具有重要意义。

（三）培养校园绿化、美化的能力

自党的十八大以来，我们国家加强了生态文明建设，努力实现人与自然的和谐共生。2005 年，习近平总书记在浙江省委书记任上就提出“绿水青山就是金山银山”的科学论断，时至今日这种观念已经深入人心。如何让青年人也能主动参与到绿化、美化环境的活动中来，帮助学生树立这种意识，培养学生学会这种能力，校园劳动当然是最直接、最有效的途径之一。当学生看到自己栽种的绿植长得郁郁葱葱，种植的花卉姹紫嫣红，校园变得富有魅力时，这种视觉上的享受无形中会激发他们的成就感和生活的幸福感，由此形成强烈的主人翁意识，“校园绿化、人人有责”的观念深入内心。学生在一次次的校园劳动中，逐渐形成校园绿化、美化的能力，由此会愈发热爱校园、热爱生活，日后对绿植的养护就变得更加自觉，呵护自然更加尽心，集体观念和社会责任感的培养水到渠成，生态文明的种子便在内心生根发芽。

（四）提高专业实践技能

高职学校根据社会需要和自己的软件和硬件条件设置很多不同的专业。专业的培养目标无一例外都是培养适应企业发展需要的实用性、技能型人才，是为社会培养高素质的动手操作型的劳动者。专业实践技能的培养和形成，离不开一次又一次的练习，这其中还需要付出很多体力劳动，所以专业实践是劳动教育的上好资源和绝佳契机。

高职学校不同的专业都会有很多的专业实践，而专业实践劳动教育最大的好处是把劳动教育融入专业实践，内容充实，可操作性强。而专业劳动又是学生专业实践技能形成、提高的必经之路。高职学生在专业实践的过程中既培养了专业操作能力，又提高了解决实际问题的水平，在专业操作、能力形成的每一步骤当中，都融入了劳动教育的内容，做到了“润物无声”。

三、校园劳动教育的内容

校园是学生学习和生活的主要场所，校园环境如何直接关系到每一个高职学生在校学习和生活的心情甚至是健康。一个洁净、美观、绿意盎然的校园，无疑有助于学生心旷神怡、健康成长。反之，则会产生不利影响。建设文明校园是每个高职学生的职责，也是每个高职学生的必修课，校园劳动是劳动教育的重要内容。

校园劳动教育的内容丰富而广泛，可以结合高职学生身体发育的阶段特点，可以结合高职学生的心理发展规律，也可以结合高职学生的专业课程学习，还可以结合高职学生的业余兴趣和爱好开展劳动的课程和活动。总体可以分为以下几类。

（一）校园净化类

这一类的劳动教育内容包括校园学习场所的净化和校园生活场所的净化两种。校园学习场所的净化主要是指教室、实验室、图书馆等场所的净化，包括地面、门窗、墙面的清扫，桌椅摆放归位，实验仪器的清洗整理，实验药品的整理，图书归还、归位等。校园生活场所的净化包括校园、宿舍、餐厅的日常及突击性的打扫劳动，比如地面打扫，玻璃清洁，墙面、桌椅的净化，垃圾的分类、收集、转运等。

（二）校园绿化类

各个学校都非常重视校园的绿化、美化，把这项工作作为创建“文明校园”的重要抓手。校园绿化通常的做法是外包交给园林公司，如果把这项任务变成由学生来完成，将是一个非常不错的劳动教育的契机。树木花卉的选择、种植和养护，都可以作为劳动教育的内容。学生要选择、搭配树木和花卉，就必然要去主动了解植物学和园林绿化的知识，在这一过程中可以学到许多与植物景观、园林设计相关的知识和优秀的传统文化，不仅可以提高对传统文化的认同感，促进传统文化的传承，同时也提高了他们的审美能力，培养了生态意识。校园植物栽植无疑是体力劳动，汗水过后的成果往往最能让人体会到劳动的愉悦、价值和意义。

（三）校园文化类

这类劳动教育往往和校园文化建设相结合。每个学校都有自己独特的校园文化，这些文化特色的体现除了校园绿化以外，还要有一些如校园植物的挂牌，校园墙面、地面、下水道井盖的粉刷、绘画以及各种校园文化展板的设计、布置等。校园植物众多，它们的名称、习性、特点、用途、历代文人墨客的相关吟咏，这些丰富的植物文化知识，是我们中华优秀传统文化的一部分，值得我们大力传播、弘扬；学校的墙面、地面、下水道井盖、路边栏杆，从前期颜色和图形图案的设计、选择、搭配，到后期的描绘施工，都可以交给学生来完成。这类劳动和单纯的校园净化大不相同，其中包含了学生的审美水平、设计能力等很多创新性的元素，对于正处在青春时期的高职学生来说，富有挑战性，刚好符合他们心理发展的年龄特点，极易受到高职学生的欢迎。特别是施工阶段，每一笔都需要认真细致地进行描绘，稍有不慎就可能前功尽弃。而且这个任务量相对较大，不是一个人能完成的，需要团队的紧密合作，对学生认真、细致、专注、合作的精神都是非常好的培养和锻炼。

第二节 高等职业学校校园环境

关于大学校园，有两种不同的解释。狭义的大学校园特指介于大学建筑物之间的、一系列相互联系的外部空间。而广义的大学校园则既包括大学所有的物质环境（校舍、场地、植被、附属设施等），又包括其所特有的非物质环境（校园文化、空间氛围等）。由此可见，大学校园具有空间相对集中、设施相对齐全、设施功能相对明确、不同空间都具备育人功能等共性。

一、高等职业学校校园特点

（一）校园与校内设施的开放性

很多高职校园不设围墙，即使是有围墙、有大门，除非遇到疫情等特殊情况，高职学校校园一般都是开放式的，这种开放不仅是指校园对外开放，还包括校园内各种的教学设施随时对学生开放，甚至对社会开放。比如在高职或者其他大学校园的教室里，经常可以看到社会人士埋头苦读的身影，高职学校利用校园的专业实训设施承接社会上的各种技能培训等，这也是大学社会功能的重要体现方式之一。校内的开放，有利于学生随时进入实践训练的场所，时刻都能进行专业操作能力的练习，对于学生操作技能的培养和提高大有裨益。

（二）专业实践的生产实训性

高等职业教育承担着为社会经济发展输送高级技能型人才和应用型人才的重要任务，因此更加注重应用技术实践操作能力的培养，这就使得高等职业学校的实践训练场所更加丰富和多元。这里蕴藏着丰富而优质的劳动教育资源，不仅给高职学校劳动教育提供了丰富的物质条件——场所、设施，也给高职学校劳动教育提供了最具影响力的因素——具备优秀实操能力、直接参与专业实训实习、对职业劳动有着直接体验和经验的教师。因此，高职校园专业实践的生产实训性也就更加突出，开展劳动教育具有很大的先天优势。

（三）校园文化突出的职业性

高等职业学校教育目标的制定、教学设施的配置以及课程设置、实习实训等方面的教学活动都围绕职业技术教育来进行。《国家职业教育改革实施方案》明确指出："要进一步发挥好学历证书作用，夯实学生可持续发展基础，鼓励职业院校学生在获得学历证书的同时，积极取得多类职业技能等级证书，拓展就业创业本领，缓解结构性就业矛盾。""院校内培训可面向社会人群，院校外培训也可面向在校学生。""职业院校要学历教育与培训并举，按照育训结合、长短结合、内外结合的要求，面向在校学生和全体社会成员开展职业培训。"高职校园要逐步推行"1＋X"证书（即"学历证书＋若干职业技能等级证书"）制度，职业院校实践性教学课时原则上要占总课时一半以上，推动建设具有辐射引领作用的高水平专业化产教融合实训基地。这些改革措施的实施，使得高职校园整个文化氛围具有突出的职业性。

二、高等职业学校校园环境对学生劳动教育的影响因素

（一）硬件设施

大学生生活、学习、实验、运动、娱乐等活动基本都是在相同的环境里、以集体的方式进行，学生校园生活的相对集中，显然对于劳动教育的实施是非常有利的。高职教育宗旨是为社会培养应用型人才和技能型人才，所以高职学校会根据本身的专业设置合理配置各种资源，或者寻求企业合作建设不同的实践训练场所，如实验室、实训室、模拟实习车间等。高职学校的这些设施，具有自己的特色，同时也是自己独特的劳动教育的资源。

高职学校的各种硬件设施齐全，可以为学生的学习、生活、运动、娱乐等提供非常便利的条件，所有的这些活动都可以开发为劳动资源，设计不同的劳动教育的内容和形式，所以校园的这些硬件设施也都可以成为劳动教育所需的资源和条件。

（二）软件条件

对高职学校劳动教育产生影响的还有一个重要而且关键的因素，即人的因素——高职学校的领导和教师。人是高校育人环境中最具能动性的因素，也是对劳动教育效果影响最大的因素。物质因素的影响是外在的，人的因素对劳动教育的影响是内在的、决定性的。高职学校领导的劳动教育思想是否明确、对劳动教育是否重视，将直接影

响到高职学校教师的劳动教育意识、劳动教育方案的开发设计、劳动教育是落到实处还是走过场，长久施加影响的结果就是整个学校劳动教育开展的水平和效果。高职学校教师处在劳动教育的第一线，直接对学生的劳动教育进行指导，他们对劳动教育的认识和态度，将对学生的劳动教育意识产生潜移默化的影响。所以，要想提高高职学校劳动教育的水平，必须提高高职学校教师的劳动教育指导水平，包括劳动教育资源的开发、劳动教育方案的设计、劳动教育实施过程的指导、劳动教育结果的评价等。

高职学校及教师在实验、实习的过程中，不仅要培养学生的实践技能，更要精心开发设计劳动教育的方案，让劳动教育和专业技能的训练同步进行，让劳动教育的评价和实践技能的考核分别实施，将劳动教育扎实推进。另外，从企业聘请的担任技能训练的指导教师，他们身上的劳动精神和工匠精神更是进行劳动教育难得的资源。

当然，很多高职学校的劳动教育也存在不足：一方面校园面积急剧扩展，专业种类大量增加，这就使得高职学校的资金重点投向教学楼、实验楼的建设和实验设备配备方面，而校园的绿化植被、景观设计则显不足；另一方面，高职校园的文化建设也没有跟上，不少高职学校将校园文化建设简单归结为娱乐活动，使得高职校园文化的内容走向单一，淡化了高职校园环境本该具备的思想性、学术性、知识性、职业性等。这些物质层面和精神层面的不足会直接影响到校园劳动教育的开展，自然也就影响到校园劳动教育的效果。

第三节　高职学生校园劳动教育

高职学生校园劳动教育，方法途径多种多样，既可以结合专业特点进行，也可以结合校园景观的建设进行；既可以与专业课程同步进行，也可以放在专门的劳动教育课上进行。校园劳动与一般的社会劳动不同，它的目的不在于让学生获得物质或金钱的报酬，而在于教育。

校园的绿化不仅是校园景观设计的主要内容，也是校园美化的主要途径，更是校园文化建设不可或缺的部分。校园植物的日常养护管理可以设计成劳动教育的内容交给学生完成，比如校园植物“身份证”的悬挂和维护，校园绿篱的修剪、养护等。此类劳动便于长期开展，教育效果明显，劳动技术易于学习和掌握，因而具有很强的可操作性。

一、给校园绿植挂“身份证”

校园绿植不仅可以装扮校园的景观、美化校园环境，同时也是校园文化建设的重要载体，更是极好的劳动教育资源。从思想意义讲，植物的春与秋、夏与冬、生与死、固与变，不同区域植物的分布，都能让师生展开想象，进而上升到哲理思考。从审美意义上讲，校园植物的色与形、大与小、高与矮、远与近、多与少，在校园植物生长的每一个节点、每一片土地都能呈现丰富的审美价值。从人格意义上讲，校园植物无疑是沟通师生与自然的重要桥梁，校园植物无声地向它身边的人们揭示着一种精神、一种情感或一种生命历程。

身份证，是证明人的身份的法定证件，具有唯一性。植物同样也可以有“身份证”，其信息包括植物的学名、俗名，种群的起源、发展和分布，植物的生长习性和外形特征，植物的花期、果期及辨认方法，植物的实用价值，植物文化等。不同的是，植物“身份证”还可以借助现代信息技术和新媒体生成二维码，只要拿出手机，登录微信扫一扫，就可以了解更多某种植物的知识，充分体现出“共享”特性。给绿植挂“身份证”，既可以作为高职校园社团活动的内容，也可以开发为专门的劳动教育课程，特别是设有农林相关专业的高职学校，可以纳入专业劳动教育。

（一）给校园绿植挂“身份证”的目的

（1）协助实施校园绿化工程，完善校园景观建设，提升校园文化品位。

（2）普及植物常识，弘扬植物意象所体现的“君子文化”等民族精神。

（3）传承中华植物文化，厚植民族自信，提升民族自豪感。

（二）给校园绿植挂“身份证”劳动教育的价值

高职学校开展以给植物挂“身份证”为内容的劳动教育，绝不是向师生普及植物知识这么简单，它的劳动教育的意义包括但不限于以下几个方面。

1. 热爱自然，增强生态保护意识

给绿植挂“身份证”，了解植物的相关知识是前提。要认识植物在人类历史进程中的作用：丰富多彩的植物世界，为人类生存创造了丰富多样的环境条件；植物通过光合作用产生氧气，净化空气，给我们提供了生存的基本条件；植物制造碳水化合物，生产出木材、药品、食材，是人类繁衍生息的物质基础；植物以其美丽的树形、枝叶和鲜艳的花朵，给我们美的享受。可以说，植物不仅为人类提供必备的生存条件，而且引导和改变着人类的精神价值和生活方式。了解了植物在人类物质生活和精神生活中的作用，认识到植物在人类生存和生活中不可或缺的地位，学生才能更加热爱自然、敬畏自然；在此基础上，学生就会深刻理解生态保护对于国家和社会的意义，增强生态保护意识，在行动上自觉履行保护生态环境的责任，积极参与生态文明建设。

2. 珍爱生命，珍惜生产劳动成果

在给绿植准备、制作“身份证”的过程中，学生必然对植物投入比平时多出几倍的时间和精力，去关注植物的生存和生长。每一株植物春季的萌发、夏季的繁华、秋季的收获、冬季的孕育，都蕴含着盎然生机。从发芽生长到开花结果，从吸收肥水到对抗病虫，每一圈年轮的生长都是对生命的礼赞和敬畏，每一个果实的形成都是对自然的回报和感恩。当学生沉下心来去关注植物生长过程历经的风雨，静下心来去思考、感悟植物果实孕育形成的艰辛，对生活的热爱、对生命的尊重等情感就会油然而生。爱美之心，人皆有之，当学生注意到绿植把校园的四季装点得如此美丽，对校园、对生活的热爱不也就由衷产生了吗?

3. 陶冶情操，弘扬中华传统文化

在中华优秀传统文化中，植物文化是一颗璀璨的明珠。《习近平致第十九届国际植物学大会的贺信》中说："中国是全球植物多样性最丰富的国家之一。中国人民自古崇尚自然、热爱植物，中华文明包含着博大精深的植物文化。"从诗词歌赋到园林艺术，植物向来都是中华传统文化中最具生命力的元素。特别是我们的先辈从植物身上提炼的哲学思想，赋予植物的比德思想，千百年来一直滋养着华夏子孙的心灵，浸润着中华民族的灵魂。从梅花的孤傲和坚贞到兰花的清高和雅洁，从翠竹的有节与谦逊到菊花的隐逸与高洁，从松柏的经冬不凋到荷花"出淤泥而不染，濯清涟而不妖"的君子品格，植物在愉悦人们心情的同时，也在影响、塑造着我们心性和品格。学生在查找、整理资料和撰写文案的过程中，这些优秀的精神食粮会被反复咀嚼、消化、吸收，学生思想心灵就会受到潜移默化的影响，这可远比枯燥的课堂有趣得多，也比单纯的说教有效得多。

4. 培养毅力，奠定执着追求精神

给植物挂"身份证"绝不是100分钟的课堂时间就能做到的事。偌大的校园，绿植种类繁多，数量更是成百上千，光是把这些绿植进行区分归类就是一项浩大的工程。从开始策划、制订方案，到一步一步具体实施，辨别、归类、查找资料、请教老师或者园林技术人员、编写文字、设计绿植"身份证"的图案款式、联系印刷、文字校对、逐个悬挂……这其中的工作既烦琐又细致，既有脑力劳动也有体力付出；既要认真细致耐得住性子，保证绿植"身份证"信息的准确，又要出力流汗经得起辛苦，受得了风吹日晒雨淋。能够坚持把这项工作做成、做好，绝对是对学生恒心、毅力的全面考验，同时也是培养他们认真、细致的工作作风和吃苦耐劳精神的大好机会。

（三）给校园绿植挂"身份证"的内容

给校园绿植挂"身份证"这一劳动项目，主要包括资料收集、撰写文案、制作绿植"身份证"和实地悬挂等四项内容。资料收集，是指相关植物知识的收集和筛选，主要针对某种植物搜集它的名称（包括学名和俗名）、生长习性、分布、主要用途和价值、植物文化等知识。特别是植物文化，内容丰富，不可能都写在一个小小的绿植“身份证”上面，必须对内容进行筛选。撰写文案，是指把收集到的资料撰写为文字，要求语言通俗易懂、简练精确。制作绿植“身份证”是指设计绿植“身份证”的颜色、款式、形状、图案等，并且联系厂家制作成品。实地悬挂，顾名思义，就是把制作好的绿植“身份证”挂在相关植物上。

（四）校园绿植挂“身份证”的劳动过程

1. 参观学习阶段

高职学生在进入高职学校学习之前，一直是处在应试教育的环境之中，他们没有时间，也没有精力去关注周围的植物，所以对给绿植挂“身份证”这个活动没有任何概念，更别说知道怎样去做。所以，一定要安排学生去具有植物“身份证”的场所参观学习，比如植物园、公园、生态园或者其他兄弟院校。所谓“见多”才能“识广”，只有见识了别人是怎么做的，才能去学习、模仿，最后实现超越做出自己的特色。学习的内容包括植物“身份证”的内容项目、图形设计、与校园景观风格的搭配等。在这一过程中学生学会观察：观察参观地点的景观设计，发现园林之美、植物之美；观察绿植“身份证”的款式、颜色，发现设计之美；观察绿植“身份证”的项目类别，发现知识之美、文化之美。通过上述活动，为绿植“身份证”设计环节打下基础。

2. 摸底统计阶段

高职校园一般面积较大，绿植配置的数量和种类都比较多，实际操作中不可能给每棵树、每株花都挂上“身份证”，但是每一种至少都要有一棵表明它的“身份”。这就需要对校园里所有的树木进行摸底调查，统计出绿植的种类。为了提高工作效率，应该把学生分组，把校园划分为不同的区域，每组调查一个区域。调查的重点是摸清该区域植物的种类，难点是“身份证”信息的准确性，这就需要聘请专业老师或者园林技术人员担任指导。挂在绿植身上的“身份证”，信息必须准确无误。这是植物常识普及的需要，更是学校校风是否严谨的一种体现。信息有误的“身份证”悬挂在绿植身上，一方面会“误人子弟”——对不熟悉这种植物的人产生误导；一方面又会“贻笑大方”——令行家里手对学校的水平和校风产生误解。不同区域的植物，有很多是相同的种类，所以各组调查统计结束后，要把信息、数据综合到一起，进行统一的整理，归纳出整个校园植物的种类，并且根据植物植株的高低和与道路、楼宇建筑等之间的方位关系，初步确定各种植物挂牌的位置。

3. 搜集信息阶段

综合统计出整个校园所有的植物种类之后，就进入到信息的搜集整理阶段。每个组负责查找几个种类的资料，可以通过上网搜索、查阅专业书籍、请教专业老师或者园林技术人员等不同的途径进行。资料的内容包括植物的名称及分类、起源和分布、识别要点、生长习性、园林用途、校园寓意和植物文化等。搜集到的资料要进行严格的审查、校对和筛选，确保信息准确无误。这一阶段对于学生在劳动过程中认真、负责、细心、耐心以及团队意识、合作精神都是很好的磨炼。现在年轻人当中做事情急功近利的不在少数，所以很有必要在基础性的工作方面有针对性地加强锻炼。

4. 撰写文案阶段

绿植“身份证”需要的信息搜集完成之后，就可以开始撰写“身份证”文案了。绿植“身份证”的文案可以分为线下、线上两种版本。线下的版本一般采用纸质塑封或塑料卡片的形式，卡片幅面有限，因此撰写文案要做到语言简练、表述精准。此外，还要创建“绿植”身份证微信公众平台，生成植物信息二维码。线上的版本就是上传到该平台上的信息，只要用手机微信扫描二维码，就可以看到更为详细的绿植“身份证”的内容。线上内容可增加植物的生长习性、植物的实用价值及在生活中的应用，特别是跟我们的生活紧密相关的内容，还有植物文化中的传说、历史典故、谚语、歇后语、诗词、音乐、戏曲、影视作品等，达到“手机扫一扫，植物全知道”的效果。

5. 款式设计阶段

绿植“身份证”的款式，包括形状、色彩、图案等，体现着高职学校学生的审美水平和设计理念，所以要特别重视。设计时要注意与学校的校训、校徽、标志性建筑、标志性景观、专业特点等元素相结合，力争做出学校的特色。可以利用学校的微信公众号面向全校师生征集设计图，也可以把学生在劳动教育课程上设计的作品上传到微信平台，发起线上投票，聘请有专业水准的老师进行评选。高职学校培养的是高素质的劳动者，所以高职教育不能满足于模仿、照搬，而要着重于创新和创造能力的培养。学生设计的绿植“身份证”款式其设计元素被采用多少，要作为劳动评价中的加分项，以鼓励学生在劳动中手脑并用、勇于创新。

6. 联系制作阶段

绿植“身份证”设计完成后，还需要把它变成实物，这就需要联系厂商商谈制作材质、制作费用、制作周期等事宜。这一阶段对学生的沟通交流能力、人际交往能力都是一个很好的锻炼，对学生发现问题、解决问题的能力也是一种锻炼，还有助于学生了解社会、适应社会，所以建议教师不要包办替代，要鼓励学生亲自联系、洽谈。对很多学生来说，这是他们首次与学校以外的单位、团体打交道，出现胆怯、怵头的心理都是正常现象，教师要及时做好心理疏导和必要的帮扶。在这之前，最好能够提醒学生通过多种途径了解各种材质的优劣和制作成本，以便在商谈相关事项时做到心中有数。

7. 实地悬挂阶段

绿植“身份证”制作完成之后，进入悬挂阶段。在悬挂之前，要规划校园各区域悬挂的顺序、日程安排，并对负责悬挂的人员进行培训。培训内容包括悬挂的地点，乔木、大灌木、小灌木和草本各自的悬挂高度、方向，需要的工具（梯子、钳子、铁丝或铁环等），要特别强调悬挂过程中上下梯子、使用钳子、使用铁丝、注意过往行人等安全事项。培训完成后，开始按照规划日程安排有秩序地给绿植悬挂“身份证”。

8. 维护阶段

绿植“身份证”悬挂到植物上之后，长期处在户外环境，随着时间的推移，经过风吹雨淋日晒，会有一定的磨损、毁坏，因此要有定期的检查、维修、更新，要制定相应的维护方案，安排专人轮流负责。这一环节的目的在于引导学生尊重劳动成果、珍惜劳动成果。一些青少年中存在着不珍惜劳动成果、不想劳动、不会劳动的现象，究其原因是学校的劳动教育被淡化、弱化，所以要想根除这种现象，就必须让学生亲历劳动过程，体验每一个劳动环节。只有自己流过汗水，知道了艰辛，才知道劳动成果来之不易，才会尊重、珍惜每一个人的劳动成果。绿植“身份证”制作的每一个环节学生都亲身经历了，深知这个“身份证”里包含着自己的汗水和心血，所以维护也会非常尽心。

9. 心得交流阶段

既然把给绿植悬挂“身份证”作为劳动教育的内容，就与单纯的劳动有着很大的区别。劳动的落脚点或者说目的在于“产出”，为人类的生活或自己的需要服务，主要是指生产物质资料的过程，为自己或者他人提供实物劳动产品，或者提供服务。而劳动教育的总体目标，是使学生能够理解和形成马克思主义劳动观，牢固树立劳动最光荣、劳动最崇高、劳动最伟大、劳动最美丽的观念；体会劳动创造美好生活，明确劳动不分贵贱，热爱劳动，尊重普通劳动者，培养勤俭、奋斗、创新、奉献的劳动精神；具备满足生存发展需要的基本劳动能力，形成良好劳动习惯。因此，在劳动过程结束之后，“教育”的任务还远远没有结束，还需要后期的总结、交流、讨论、评价等环节，形成完整的劳动教育过程。

（五）校园绿植挂“身份证”的劳动教育评价

校园绿植挂“身份证”的劳动效果评价分为劳动态度评价、劳动过程评价、劳动结果评价。采用百分制，通过加权进行核算，劳动态度评价占 30%，劳动过程评价占 40%，劳动结果评价占 30%。评价表见表 4-1、表 4-2、表 4-3。

表 4-1 劳动态度评价表

评价项目	分值	学生自评	组内学生互评	教师评价	总评
参加劳动的目的	20				
参加劳动的次数	30				
对待劳动任务的责任意识	30				
劳动的大局意识	10				
劳动心得体会	10				

表 4-2 劳动过程评价表

劳动项目： 评价对象： 评价人： 评价日期：

评价项目	分值	学生自评	组内学生互评	教师评价	总评
能否服从安排	20				
团队意识与合作精神	20				
劳动过程中的情绪	20				
劳动行为表现	40				

表 4-3 劳动结果评价表

劳动项目： 评价对象： 评价人： 评价日期：

评价项目		分值	学生自评	组内学生互评	教师评价	总评
摸底阶段	绿植种类数量	20				
	绿植归类					
搜集信息阶段	科属	30				
	干性					
	起源分布					
	生长习性					
	植物文化					
	植言花语					
撰写文案阶段	内容全面	30				
	语言简洁					
	重点突出					

续表

评价项目		分值	学生自评	组内学生互评	教师评价	总评
款式设计阶段	款式设计评选得票	10				
悬挂阶段	绿植“身份证”位置合适、端正	10				
	工具使用规范					
	劳动安全意识					
	劳动意外事故					

二、修剪绿篱

绿篱是园林景观设计、建造中常用的造景手法，它通过植株相对矮小的灌木或者小乔木近距离密植，并且借助一定的修剪技术，在提高观赏效果和艺术价值的同时，起到遮盖不良视点、隔离防护、分割景点、防尘降噪、引导观赏路线的作用。

要想提高绿篱的观赏效果和艺术价值，就离不开修剪。修剪可以起到控制绿植的树形、调整绿植的长势、协调绿植的比例等作用。绿篱修剪的知识、技术以及所用工具的使用方法相对简单易学，把它作为劳动教育的内容，既适合园林、园艺相关专业的学生，也适合其他专业的学生。

（一）修剪绿篱的目的

（1）协助校园绿化工程，完善校园景观建设。

（2）掌握一定的绿篱修剪技术，培养热爱生活的观念和建设、创造美好生活的能力。

（3）提高师生对校园植物景观的关注度，激发师生对校园的归属感和荣誉感。

（二）修剪绿篱劳动教育的价值

1. 培养吃苦耐劳、坚持不懈的精神

当今社会，物质条件极大丰富，高科技的飞速发展把很多人从繁重的体力劳动中解放出来，这就使得人们产生了一种错觉，以后再也不需要吃苦了。特别是在高职学生当中，这种思想更是普遍。其实，吃苦耐劳并不是让人们陷于体力劳动中，而是一种精神，一种面对困难永不服输、面对困境永不屈服的精神。这种精神的获得，不是靠理论教育就能够实现的，必须要经过身体力行的长期的磨炼才能形成。

劳动工具的使用不是一次就能熟练的，绿篱的修剪也不是一剪子就能完成的，从开始修剪到任务完成，需要几个小时甚至几天的时间。在这个过程中，学生的手可能会被磨破，手掌也可能因为反复开握而发肿，胳膊也可能因为长时间举着用力而疼痛，身体也会因为工具使用不熟练和长时间的体力付出而流汗，还可能因为技术掌握不好修剪失败而返工。流血、流汗、疲惫、疼痛、沮丧……这些都是绿篱修剪必经的阶段和磨炼，让学生实实在在体会到劳动的艰辛和收获的不易。在反复练习、实践修剪成功之后油然而生的获得感和幸福感，是让学生热爱劳动的真正源泉。李大钊说过："我觉得人生求乐的方法，最好莫过于尊重劳动。一切乐境，都可由劳动得来；一切苦境，都可由劳动解脱。"明白了"快乐需要汗水浇灌，美丽需要双手创造"的道理，就能理清付出和收获之间的因果关系；而在修剪过程中经历了从"失败—不甘"到"学习—修正"，再到"坚持—成功"的心路历程，学生的自信心、意志力和抗挫折能力就都得到了充分的锻炼。

2. 激发学习"内需"，促成学习"内驱"

当代高职学校学生是在应试教育的背景之下成长起来的，高考以后进入大学，他们往往缺乏良好的学习习惯，再加上没有明确的学习目标，学习兴趣低下，学习动力严重不足，有的人就开始放飞自我，甚至演变成放纵。逃课、敷衍、不写作业成为很多大学生的家常便饭。要想改变高职学生的这种心理，靠说教无济于事，甚至事与愿违。

绿篱修剪后的成果展示和评选带来高职学生的心理变化，对解决上述问题具有很好的启示。绿篱修剪要想得到最佳的成果，设计创意和修剪技术二者缺一不可。有的学生既有创意，又有很强的操作能力，能够把心目中设想的绿篱形状完美呈现出来，当然这是最理想的状态。但是还有另外三种：有创意，但没技术；没创意，但有技术；既没创意，也没技术。这三种状态都不能修剪出理想的绿篱形状，不会收获理想的劳动成果。通过修剪成果评选，可以引导学生互评、自评，在比较的过程中，进行不断分析和反思，找到自己的差距，明确努力的方向。对于学生来说，可怕的不是学不会，而是不知道学什么和怎么学。发现了自己的不足和短板，知道自己该学什么，琢磨自己该怎么学，这就激发出学习的动力。这种学习的动力是来自于"内需"，是"我要学"，而不是"要我学"。由"内需"形成"内驱"，由"自发"到"自觉"，学生学习的主动性自然就会增强，学习过程中自然也就更加认真努力，学习的效果肯定要比为了应付考试而学习好得多，"以劳增智"的目标最终得以实现。

3. 提高审美情趣，培育创美能力

俗话说"爱美之心，人皆有之"，作为教育工作者，要善于激发学生的爱美之心，帮助学生长就一双审美的慧眼，教给学生形成“创美”之能，在教学实践中努力丰富学生的内心世界，着力提高学生的人文素养，激起学生对生命意义和生命价值的追求。学生在修剪绿篱的劳动过程中，首先要学会判断“什么样的绿篱是美的”。判断一个事物美不美，既有事物客观存在的因素，又有人的主观因素。在修剪绿篱过程中，教师结合设计绿篱的目的和绿篱的作用，从绿篱的高矮、形状、色彩，到其与周围景观的搭配，既要教给学生从园林的角度判断绿篱美的依据和标准，又要鼓励学生勇于创新。高尔基说：“照天性来说，人都是艺术家。他无论在什么地方，总是希望把美带到他的生活中去。”我们要让学生学会发现美，从而更加热爱生活；让学生勇于创造美，从而更加勤劳自信。如果人们能够执着地追求美，敏锐地发现美，自觉地创造美，那么，不仅他们自身，整个社会都会变得更加完美。

4. 实现以劳长技，让知识技能化

知识源于实践，用知识指导实践的过程中又会产生新的认识，进一步丰富完善原有的知识。知识不等于技术，知识转化成技术，必须有实践的参与，实践是技术生成的必要条件。宋代著名爱国诗人陆游在教育自己的孩子时曾说：“纸上得来终觉浅，绝知此事要躬行。”学生从书本上学到修剪知识，如果不经过实践反复练习，就不可能成为可以用于实际的技术，书本知识背得再熟练，也不过是纸上谈兵而已。学生在修剪绿篱的过程中，不可能一次就剪出理想的形状，也不可能一下子就掌握这个技术。中国有个成语“熟能生巧”，意思是熟练了就能产生巧妙的办法。这告诉我们，要想掌握一门技术，必须经过大量的练习，也就是“熟练”是基础。同时也告诉我们，练得多了，熟练到一定程度，就会产生“巧妙”的办法，这是一个从量变到质变的过程。绿篱修剪的劳动，对于学生实际掌握修剪的技术具有重要的意义。

5. 实现以劳强体，增强学生体质

电子产品的高速发展和广泛使用，使得年轻人足不出户、深宅在家成为常态，“人人都在玩手机，个个都会打游戏。茶余饭后争分秒，深更半夜不休息”。这些陋习导致学生体质下降，“小胖子”随处可见，“小眼镜”比比皆是；肩不能挑，手不能提，稍一动就气喘吁吁；高血压、高血糖、高血脂、脂肪肝等很多种老年疾病开始年轻化，年轻人的健康状况着实令人担忧。体力劳动是一种很好的强身健体的途径。绿篱修剪不仅需要知识、需要技术，更需要付出体力和汗水，单从修剪过程来看，也可以看作是一种体力劳动。前面说过，即使修剪一棵绿篱也不是几分钟就能完成的，完成校园所有绿篱的修剪是一项不小的工程。这其中，需要付出很多的体力和汗水，对于体质瘦弱的学生的确是一个考验。学生由开始的体力不支，到最后游刃有余，汗水流多了，体力增长了，体质增强了。很多学生说：“老师你看，绿篱修剪完了，我胳膊上的肌肉也长起来了!”“老师，现在你再也不会笑我手无缚鸡之力了!”

（三）修剪绿篱的内容

绿篱修剪不是简单地用绿篱剪把绿篱剪剪就完事了，其包含的内容有：第一，调整高度。在校园绿化过程中，绿篱的高度要与周围景观相匹配，达到协调、美观。所以，每隔一定的时间，都要通过修剪来调整绿篱的高度。第二，整理形状。出于不同的绿化目的，不同区域的绿篱，其植株的形状会有不同的设计，有的还有艺术造型，而绿篱生长会导致形状发生改变，因此要勤于修剪，以便使绿篱保持设计形状，保持美感。第三，剪除废枝（叶）。绿篱生长期间，由于自然的新陈代谢和病虫、天气等自然灾害的影响，经常会产生一些枯枝败叶，会影响绿化效果，病虫侵害而导致的残枝败叶可能会对整个绿篱的生长造成严重的不良影响，甚至会引起死亡，因此要及时剪除。

（四）修剪绿篱的过程

绿篱修剪看似剪几下就行，其实远不是那么简单。所有的绿篱都起一样的作用吗?所有的绿篱修剪方法是不是都一样?绿篱修剪是不是能剪整齐就算成功?是不是想剪成什么样就剪成什么样?用什么工具?如何使用?是不是剪完就不用管了?等等，这些问题不解决，修剪绿篱的工作要么无法进行，要么是乱剪一通。绿篱修剪这项劳动教育，如果不解决这些问题，仅仅是让学生拿起绿篱剪，“咔嚓咔嚓”几下，流点汗就算完成了，那就等同于搞形式、走过场，根本起不到劳动教育应有的作用，也违背劳动教育的初衷。

1. 学习绿篱修剪的理论知识

以绿篱修剪为内容的劳动教育，不限于园林专业的学生，各专业的学生都可以进行。在绿篱修剪之前，必须传授绿篱选择、修剪的理论知识和技术要点。有条件的高职学校，可以请园林专业的教师讲授，没有专业老师的，可以聘请园林技术人员对学生进行事前培训。理论知识的讲授既包括绿篱修剪技术，还包括园林景观设计的基本常识、绿篱植物选择的基本原则、绿篱植物的生长习性、绿篱养护的基本常识、绿篱与周围景观搭配的原则方法，等等。

学习绿篱剪的正确使用方法。绿篱修剪不是徒手进行的，需要借助绿篱剪来进行。园林维护管理中常用的绿篱剪分手动和机动两种。机动的绿篱剪以汽油或柴油发动机为动力，带动刀片切割或转动，工作效率较高，安全可靠，性能卓越。但是造价较高，对操作技术有较高要求，对于大多数高等学校来讲，依靠这种机动绿篱剪实施劳动教育难度还是很大的。况且，我们是把绿篱修剪作为劳动教育的手段，主要目的是对学生进行教育。所以，高职学校一般采用手动的绿篱剪。但是这种工具看起来很简单，和家用剪刀没什么两样，使用不当，极易造成剪口咬合不严、螺丝掉落、修剪当中夹皮等现象。所以绿篱修剪之前，一定要把绿篱剪的种类和各种绿篱剪的作用、使用方法、注意事项向学生交代清楚并反复强调，保证绿篱修剪的顺利进行。

2. 制定绿篱修剪安全操作规范

中共中央、国务院在《关于全面加强新时代大中小学劳动教育的意见》中特别指出："各学校要加强对师生的劳动安全教育，强化劳动风险意识，建立健全安全教育与管理并重的劳动安全保障体系。科学评估劳动实践活动的安全风险，认真排查、清除学生劳动实践中的各种隐患特别是辐射、疾病传染等，在场所设施选择、材料选用、工具设备和防护用品使用、活动流程等方面制定安全、科学的操作规范，强化对劳动过程每个岗位的管理，明确各方责任，防患于未然。制定劳动实践活动风险防控预案，完善应急与事故处理机制。"劳动教育既要让学生学会使用工具，掌握相关技术，又要保证学生在劳动过程中的安全，总之，劳动教育要搞，安全教育也要抓，两手都抓，两手都要硬。否则就可能顾此失彼、事与愿违。修剪绿篱虽然用到的工具种类不多，使用操作的难度不大，但是并不是完全没有安全隐患。如果学生在修剪过程中把绿篱剪当作玩具嬉笑打闹，也可能会造成严重的安全事故。所以，在绿篱修剪开始之前，结合修剪的工具特点，制定安全操作规范，对学生进行工具使用规范和安全的教育是非常必要而且重要的。

3. 修剪绿篱

以上两个阶段结束，意味着修剪绿篱的准备工作完成，接下来就是绿篱修剪的正式实施了。在修剪过程中，要严格遵守绿篱修剪的安全操作规范，正确使用绿篱剪，按照绿篱修剪的内容要求和所学到绿篱修剪的理论知识，依照教师的统一组织和分工，有计划地对校园不同区域的绿篱进行修剪。

4. 交流研讨，撰写心得

教育部在《大中小学劳动教育指导纲要（试行）》"劳动教育的关键环节"中指出，要"围绕劳动价值意义的建构，引导学生总结、交流，促进学生形成反思交流习惯。指导学生思考劳动过程和结果与社会进步、个体成长的关联，避免停留在简单的苦乐体验上。组织学生交流分享劳动的体验和收获，肯定具有积极意义的认识，纠正观念上的偏差。将反思交流与改进结合起来，使学生在劳动中获得成长。"把修剪绿篱作为劳动教育的内容，绝不仅仅是为了让学生"流流汗、受受苦"，体验一下园林工人劳动的辛苦，这其中包含的意义非常丰富，前面已有详解，这里不再赘述。"以劳长技""以劳增智""以劳树德"需要在总结、讨论、交流、反思中，厘清认识、更新观念、认识不足、不断改进，最后才能形成实实在在的劳动教育成果。总结反思教师和学生都要做，主要内容包括：对修剪技术的掌握，对绿篱修剪这项劳动的认识，绿篱剪使用是否规范，修剪结果如何，成败的原因，绿篱修剪理论知识的掌握，自己在思想上和技术上的收获、不足，改进的方向，劳动感悟，等等。总结、讨论以后，学生要撰写心得体会，巩固强化认识。

5. 修剪成果展示评选

为了激励学生参与劳动的积极性，引导学生通过劳动成果体会劳动的获得感和幸福感，可在劳动教育结束后，组织进行“我心中的最美绿篱”修剪成果展示评选。教师可对学生的修剪成果进行编号，充分利用学校的微信平台，发动师生对绿篱修剪成果进行评选，线上和线下投票可同时进行（见表4-4）。需要特别注意的是，评选只是手段，目的和落脚点是教育，是学生通过见证自己利用知识和技术为校园增添的美景，增强劳动的成就感，从而更加热爱劳动；是学生通过老师、同学对自己劳动成果的肯定和认可，增强劳动的自豪感，从而充分认识劳动的意义和价值；是引导学生通过回味劳动过程中的辛苦付出，深刻体会美好生活只有脚踏实地靠自己的双手去创造的道理；是学生通过由以往的劳动成果享受者、评判者到今天成为接受评判的劳动者这种角色互换，培养尊重劳动、尊重劳动成果的优良品质。

绿篱修剪的劳动成果不仅可以反映出学生的设计思想、艺术修养，更可以反映出学生的实践操作能力，同时，也能反映出学生的劳动态度、劳动情绪和劳动体验。能主动设计绿篱的形状并通过自己的修剪把它呈现出来，与把书本上或者老师示范的形状原封不动地再现出来相比较，显然前一种劳动成果更能体现出学生劳动态度的积极和劳动情绪的愉悦。为了能够把自己的设计理念完美呈现，他们必然会全身心地投入到劳动之中，生怕一不小心让自己的心血付诸东流，那么认真、负责、细心、耐心等这些劳动品质的培养不就水到渠成了吗？看到自己设计的绿篱形状能够通过自己的双手完美呈现，这种成就感和获得感是学生对劳动最积极的心理体验，同时也能让学生在学习和掌握修剪绿篱的知识技能的过程中，领悟到劳动的意义和价值。

表4-4 绿篱修剪成果评选表

劳动项目：　　评价对象：　　评价人：　　评价日期：

评价项目	分值	学生自评	组内学生互评	教师评价	总评
修剪整齐，没有漏剪或重剪	40				
形状完整，轮廓清晰，线条流畅	20				

续表

评价项目	分值	学生自评	组内学生互评	教师评价	总评
大小、形状与周边景观搭配协调	20				
适合树种本身生长特性，符合当地气候和绿植生长需求	10				
形状新颖，富于变化，具有创造性	10				

在修剪绿篱的过程中，学生能否自己设计出全新的富有自己特色的绿篱形状，并通过自己的双手把它修剪成形，这是学生劳动能力的集中体现。教育部在《大中小学劳动教育指导纲要（试行）》中指出，“掌握基本的劳动知识和技能，正确使用常见劳动工具，增强体力、智力和创造力，具备完成一定劳动任务所需要的设计、操作能力及团队合作能力”是劳动教育的总体目标之一。学生在自行设计、修剪的过程中，最能深刻体会劳动创造带来的快乐，所以创新性应该列入劳动成果评选的主要指标之一。

（五）修剪绿篱的劳动效果评价

修剪绿篱的劳动效果评价分为劳动态度评价、劳动过程评价、劳动结果评价。采用百分制，通过加权进行核算，劳动态度评价占 30％，劳动过程评价占 40％，劳动结果评价占 30％。评价表见表 4-5、表 4-6、表 4-7。

表 4-5　劳动态度评价表

劳动项目：　　评价对象：　　评价人：　　评价日期：

评价项目	分值	学生自评	组内学生互评	教师评价	总评
参加劳动的目的	20				
参加劳动的次数	30				
对待劳动任务的责任意识	30				
劳动的大局意识	10				
劳动心得体会	10				

表 4-6　劳动过程评价表

劳动项目：　　评价对象：　　评价人：　　评价日期：

评价项目	分值	学生自评	组内学生互评	教师评价	总评
能否服从安排	20				
团队意识与合作精神	20				
劳动过程中的情绪	20				
劳动行为表现	40				

表 4-7　劳动结果评价表

劳动项目：　　评价对象：　　评价人：　　评价日期：

评价项目	分值	学生自评	组内学生互评	教师评价	总评
是否注意清除老、弱、枯、病、虫、残等枝叶	30				
能否主动清扫修剪下的碎枝叶	30				
工具使用是否正确、熟练、规范，是否注意劳动安全	15				
修剪技术掌握是否熟练	15				
修剪成果评选得分	10				

三、校园劳动周

（一）校园劳动周的目的

（1）营造干净、舒适的学习、生活环境。

（2）帮助学生养成良好的卫生习惯，找到归属感。

（3）培育学生养成垃圾分类习惯，培育环境保护意识。

（二）校园劳动周的教育价值

1. 培养独立自主、自我管理能力

由于社会和家庭多方面因素的影响，一些高职学生生活自理能力极度欠缺。在入学时，很多家长不仅把孩子送到宿舍，并且亲手给孩子铺好床铺，生活用品准备得一应俱全，更有甚者干脆在学校旁边租房陪读。很多孩子，衣服不会洗，鞋子不会刷，被子不会叠，被罩、床单不会换，地板不会擦，房间不会整理，宿舍里脏衣服、臭袜子成堆，都攒到假期带回家洗。这种现象不在少数，应该引起家庭、学校和社会的重视。独立生活、自我管理的能力看起来好像是小事，实际上是一个人最基本的生存能力之一，也会间接影响到人的工作能力。我们所培养的是社会主义事业的建设者，不是衣来伸手饭来张口的寄生虫。校园劳动周的集中劳动，能够让学生在劳动中，通过亲力亲为的擦、洗、整理，培养起有条理、有秩序思维方式和生活、工作能力，对学生未来的幸福具有重要意义。

2. 学会尊重劳动，培育感恩之心

父母对孩子生活事无巨细的包办，不仅让他们丧失了培养独立生活能力的机会，还让他们形成心安理得的心理。在他们看来，父母为他们的所有付出都是天经地义、理所应当的，因此一些年轻人缺乏感恩之心，由此延伸对社会也没有感恩之心。比如一些年轻人对服务行业的从业人员要求苛刻，对他们工作当中的小小失误丝毫不能包容，轻则恶语相向，重则投诉、追责、要求赔偿。这样的做法，不仅对于解决问题无益，也反映了年轻人的涵养的欠缺，更不利于社会的和谐。校园劳动周的劳动，不需要多么复杂的技术，但是必须付出汗水和辛苦。这就可以让学生在亲身体验之后能够体会劳动者的辛苦，知道校园整洁来之不易，就会特别珍惜并注意保持校园的整洁，自然学会尊重劳动、尊重劳动成果，从而自然而然地对父母、对社会产生感恩之心，并且化为以后的报恩行为。

3. 培育正确的劳动观念

很多大学毕业生，选择就业地点大多瞄准沿海城市、一线城市或者省会城市，薪酬目标是高工资、高福利，选择职业类型时也是以事务型、研究型、经管型、艺术型、社交型等为追求目标，对技能型的职业不感兴趣。在很多年轻人的心目中，技能型的职业低人一等，远远比不上金领、白领工作体面光彩。特别是体力劳动成分偏大的职业，更是颇受冷落，这种劳动观念显然是不正确的。职业没有贵贱之分，只要是凭借自己的双手诚实劳动、养活自己、贡献社会，都应该受到尊重。要想改变这种观念，必须让学生走近、参与、深入体力劳动，而校园净化类的劳动内容，技术性不强，几乎都是体力劳动。当学生用自己的双手和汗水让校园的每个角落、校园的每一条道路变得整洁、有序，用自己的双手给自己及全校师生提供干净舒适的学习、工作和生活环境，在老师和同学的认可、肯定和赞许中获得成就感，就会树立正确的劳动观念。

4. 培育公益精神和社会责任意识

通俗地讲，公益就是“为人民服务不求回报”。校园的净化，很多学校都是外包给物业公司，由专门的保洁人员完成。学生没有亲身参与校园劳动，就会觉得校园是否整洁与自己毫无关系，对于校园，自己没有丝毫的主人翁意识。校园劳动周的实行，使学生亲身参与校园劳动，学生会觉得校园每一个角落、每一株花草、每一片废纸、每一片落叶、每一个瓶瓶罐罐都与自己息息相关，自己都应该随手把它们各归其位，这就是自己的任务，更是自己的责任。通过认真劳动，看到让校园因自己的努力而变得更加美丽，听到来自老师的肯定和同学的认可，学生的心理会产生一种因奉献而带来的快乐感。正像苏联著名的教育家苏霍姆林斯基所说：“对人来说，最大的欢乐、最大的幸福是把自己的精神力量奉献给他人。”由此产生“美化校园、人人有责”的责任感，这种快乐的内心体验，也能让学生充分体会到公益的意义和价值。

（三）校园劳动周的劳动内容

校园劳动周的内容主要是净化校园，包括但不限于以下项目：

（1）校园道路及教学楼、宿舍楼、实验实训楼、图书馆楼梯的清扫。

（2）以上场所楼道、卫生间墙体张贴广告的清理。

（3）以上场所卫生间清扫、垃圾装载运输。

（4）校园里共享单车等物品的整理摆放。

（二）校园劳动周的劳动过程

1. 劳动分组

校园劳动周期间，校园室外的净化都是由学生完成，必须做好分组，一方面有利于劳动任务的分解，另一方面提高劳动效率。分组时注意合理安排男女生的人数配置，教师指定或者学生选举出组长，以方便管理和考核。组长也可以轮流担任，以便让所有的学生都有机会锻炼组织管理能力。

2. 分配劳动任务

校园劳动周劳动时间相对较长，任务相对繁重，分配任务时注意考虑学生体力上的承受能力，各种劳动任务要注意轮流进行，以便学生更多地体验各种劳动工种、锻炼各种劳动能力，也便于比较鉴别，有利于劳动评价和考核的公平性。任务分配后，要注意对各种任务提出明确的要求，让劳动评价有据可依。

3. 制定安全规范

校园劳动周的安全要求，主要是使用工具时注意周围人的安全，切忌嬉笑打闹。夏季注意防晒防暑，冬季注意防冻。注意节约用水。装载、运输垃圾注意做好卫生防护。

4. 实施劳动

教师注意巡查，每天劳动结束后总结、检查各组劳动任务完成情况，对于劳动中出现的问题及时提醒、督促，对于各组的劳动成果及时点评，以便督促学生认真对待校园净化工作，切实深入到劳动中去，让劳动教育落到实处，产生实效。

（三）校园净化的劳动效果评价

校园净化的劳动效果评价分为劳动态度评价、劳动过程评价、劳动结果评价。采用百分制，通过加权进行核算，劳动态度评价占30%，劳动过程评价占40%，劳动结果评价占30%。评价表见表4-8、表4-9、表4-10。

表4-8　劳动态度评价表

劳动项目：　　评价对象：　　评价人：　　评价日期：

评价项目	分值	学生自评	组内学生互评	教师评价	总评
参加劳动的目的	20				
参加劳动的次数	30				
对待劳动任务的责任意识	30				
劳动的大局意识	10				
劳动心得体会	10				

表4-9　劳动过程评价表

劳动项目：　　评价对象：　　评价人：　　评价日期：

评价项目	分值	学生自评	组内学生互评	教师评价	总评
能否服从安排	20				
团队意识与合作精神	20				
劳动过程中的情绪	20				
劳动行为表现	40				

表4-10　劳动结果评价表

劳动项目：　　评价对象：　　评价人：　　评价日期：

评价项目	最高分值	学生自评	组内学生互评	教师评价	总评
负责区域无尘土、垃圾	20				
楼道墙面无脚印、广告	20				
负责打扫的卫生间无异味	20				
垃圾桶清理及时、没有溢出	20				
负责区域物品摆放整齐有序	10				
劳动安全、无意外	10				

第五章 高等职业学校生产劳动教育

第一节 生产劳动教育概述

一、生产劳动与生产劳动教育

（一）生产

1. 生产的含义

从抽象意义上说，生产是在特定的技术条件下，通过人的劳动与劳动对象和劳动资料相作用，创造人们所需要的各种物品或服务的过程。在这一过程中，人们会运用整个人类在改造自然和利用自然的过程中积累起来的各种经验、知识和操作技巧来改造自然物质。这里的生产具有一般的技术属性，反映了人与自然的相互关系，是作为人类生存的永恒的自然条件而存在的。通俗地说，生产是指人类从事创造社会财富的活动和过程，包括物质财富、精神财富的创造和人自身的生育，亦称社会生产。从经济学角度理解，生产是指将投入转化为产出的活动，或是将生产要素进行组合以制造产品的活动。生产要素有劳动、土地、资本和生产管理等。只有人类才进行物质和精神生产。

2. 生产类型

生产类型是指根据生产过程的不同特点对生产划分的类别。根据不同的划分标准，可以划分为不同的生产类型。

（1）按生产计划的来源划分，可分为订货型生产和备货型生产

订货型生产是根据用户提出的具体订货要求组织生产，如造船、建筑等。备货型生产是在对市场需要量进行预测的基础上，有计划地进行生产。备货型生产的产品一

二、高职学校生产劳动对学生教育的影响

（一）组织管理的完善性

长期以来，我国高职学校劳动教育在组织管理的完善性上非常欠缺，有些环节脱离了生产实践，对合理运用大学生所学知识与其社会实践结合方面注意不够。学校对生产劳动教育组织管理上的欠缺主要包括学生的人数不适宜，过多或过少；学生生产劳动能力的适宜性；生产劳动工具的多少与实用性等问题。

（二）生产项目的适宜性

高职学校生产劳动教育项目选择时，应考虑到生产项目与学生年龄、所学专业、身体状况的适宜性。技术含量较低的生产劳动项目注重的是学生吃苦耐劳的品质培养以及身体的锻炼；专业技术要求较高的生产项目则要考虑学生所拥有的专业理论知识与技能的水平，看其能否承担生产劳动任务，否则，生产劳动将失去其教育的意义。

（三）生产环境的安全性

生产环境的安全性主要包括：生产场地的安全性，比如地面的平坦性、通道的通畅性、墙体的稳固性等；设备机器的安全性，比如设备的电路安全、操作隐患、辐射隐患等；生产物质摆放的安全性，比如物资摆放的位置、高低、牢固性等。高职学校学生年轻好动，好奇心较强，环境安全是高职学校组织生产劳动教育要考虑的首要因素。

第三节 高等职业学校学生生产劳动教育

一、果脯制作

果脯又称蜜饯，古称蜜煎，是一种以果蔬等为主要原料，添加（或不添加）食品添加剂和其他辅料，经糖或蜂蜜或食盐腌制（或不腌制）等工艺制成的制品。主要有蜜饯类、凉果类、果脯类、话化类、果糕类和果丹类等。除了作为小吃或零食直接食用外，蜜饯也可以用来放于蛋糕、饼干等点心上作为点缀。

（一）果脯制作的目的

（1）了解果脯加工的基本知识。

（2）掌握果脯加工的基本流程和操作技能。

（3）培养食品加工业的职业素养。

（二）果脯制作劳动教育的价值

（1）体验自制食物过程的快乐，知道食物来之不易，得出勤俭节约的理念。

（2）提高劳动生产制作的兴趣，体会成功的喜悦，培养学生的自信心。

（3）师生互动，小组配合，利于培养学生集体主义观念和团队协作精神。

（4）突出实践能力和职业技能训练，为就业打下基础。

（5）培养规范操作技能，增强安全意识。

（6）感受果脯文化和传统食品制作技艺的魅力，传承和弘扬中华民族优秀传统文化。

（三）果脯制作的劳动过程（以葡萄果脯为例）

果脯制作的工艺流程：原料→选择→剪穗→淋洗→摘粒→分选→热烫→糖制→烘烤→回软拌粉→分级→包装→成品。

1. 选料

要求葡萄原料成熟度高些，可在九成熟到足熟之间采收。最好选用色淡的品种。

2. 原料处理

将腐烂粒摘除后，用剪刀把果穗剪成小穗，然后用流动水冲洗 2—3 分钟，再用 0.05%的高锰酸钾溶液浸泡 3—5 分钟，最后用清水漂洗 2—3 次，洗至水不带红色为止。

摘粒分选：摘粒时注意不要摘破，同时进行挑选，剔除伤烂、病虫害果及过生过小的未成熟粒。

热烫：将选好的葡萄粒用沸水热烫 1—2 分钟，然后立即放入冷水中冷却。

3. 糖制

（1）糖渍：每 50 千克葡萄加入白糖 25—35 千克，一层果一层糖腌渍起来，最后要用糖把果面盖住。糖渍 24 小时后，把糖液滤出锅中，加入白糖 10 千克煮沸溶化，倒入果实中，继续糖渍 24 小时。

（2）糖浸：将糖渍葡萄的糖液滤出，倒入锅中加热，加入白砂糖 10 千克，待溶化后煮沸并停止加热，将葡萄倒入，浸泡 4—6 小时，然后捞出再向糖液中加入白砂糖 10 千克，煮沸溶化，并加入适量柠檬酸，保持糖液中含有适量的还原糖，倒入上述糖浸的葡萄，连糖液一起移入缸中浸泡 24—48 小时。总之，葡萄果脯的糖制就是将葡萄放入逐渐增浓的糖液中进行渗糖的过程，一般不能和糖液共煮。经 1—2 日后，视葡萄浸糖饱满变得透明时即可。

4. 烘烤

（1）温度设定：第一次烘烤时，将葡萄轻轻捞出，沥净糖液后放入盘中摊平，送入烘房，在 60 ℃—65 ℃的温度下烘烤 6—8 小时，待葡萄中的含水量降至 34%—26%时，取出烤盘，适当回潮整形后进行第二次烘烤。第二次烘烤温度控制在 55 ℃—60 ℃，约烘 4—6 小时，待含水量降至 18%左右、产品不粘手时即可出房。

（2）通风排湿：烘烤中间要注意通风排湿。通风排湿的方法和时间可根据烘房内相对湿度的高低和外界风力的大小来决定。当烘房内相对湿度高于 70%时就应进行通风排湿，如室内湿度很高，外界风力小时，可将进气窗及排湿筒全部打开；如室内湿度较高而外界风力大时，可将进气窗与排气筒交替打开。一般通风排湿为 3—4 次，每次时间以 15 分钟左右为宜。通风排湿若如无仪表指示，也可凭经验进行。根据经验，当人进入烘房时，如感到空气潮湿闷热，脸部感到有潮气，呼吸窘迫时，即应进行通风排湿；当烘房内空气干燥，面部无潮湿感，呼吸顺畅时，即可停止排湿，继续干燥。

（3）倒盘整形：葡萄脯的烘烤中要注意调换烘盘位置，翻动盘内果实。倒盘一般在第一次烘烤结束时进行。结合倒盘，可适当地用手将果实搓成圆形或扁圆形。

5. 果脯拌粉

回软拌粉：烘烤好的产品放于室内，回潮半天至一天，剔出带有黑点或发黑的果脯以及破碎者等不合格产品，将合格品进行拌粉。

制粉：将葡萄糖和柠檬酸分别研成细末，按 40∶1 的比例混合均匀，使回潮的葡萄果脯在粉中滚过，风干半天即可进行包装。因葡萄品种不同，果实酸度不一样，可据人的口味不同，调整粉中柠檬酸的量。

6. 成品包装

用带有商标的无毒塑料袋做 100 克、200 克、250 克等不同的定量包装，密封后置于阴凉干燥处贮存。

（四）果脯制作的评价

果脯制作的劳动效果评价分为劳动态度评价、劳动过程评价、劳动结果评价。采用百分制，通过加权进行核算，劳动态度评价占 30%，劳动过程评价占 40%，劳动结果评价占 30%。评价表见表 5-1、表 5-2、表 5-3。

表 5-1 劳动态度评价表

劳动项目： 评价对象： 评价人： 评价日期：

评价项目	分值	学生自评	组内学生互评	教师评价	总评
参加劳动的目的	20				
参加劳动的次数	30				
对待劳动任务的责任意识	30				

续表

评价项目	分值	学生自评	组内学生互评	教师评价	总评
劳动的大局意识	10				
劳动心得体会	10				

表 5-2　劳动过程评价表

劳动项目：　　评价对象：　　评价人：　　评价日期：

评价项目	分值	学生自评	组内学生互评	教师评价	总评
能否服从安排	20				
团队意识与合作精神	20				
劳动过程中的情绪	20				
劳动行为表现	40				

表 5-3　劳动结果评价表

劳动项目：　　评价对象：　　评价人：　　评价日期：

评价项目	最高分值	学生自评	组内学生互评	教师评价	总评
色泽	20				
组织形态	20				
口味	20				
含糖	20				
卫生指标	20				

二、花卉种植

（一）花卉种植的目的

（1）掌握花卉种植的初步技术技能。

（2）深刻体验农事类劳动的意义和价值所在，为今后从事专业技术和有关的经济活动打下良好基础。

（二）花卉种植劳动教育的价值

1. 保护环境，促进人体健康

花卉在进行光合作用中能吸收二氧化碳，释放氧气。能净化空气，吸收噪音。花卉的绿叶，能减少强光对眼睛的刺激。在紧张的工作和学习之余，眺望一下花木，便会心旷神怡，消除眼睛疲劳。有些花卉在不良环境条件中可以很敏感地出现特殊的生态，成为监测环境污染的“监察员”。

2. 美化环境，增添生活情趣

人工栽培的花卉，是人类文化艺术遗产的一部分，它是前人心血的结晶。它们或者有沁人心脾的芳香，挺秀瑰美的气质；或者有绚烂的色彩，娇媚的姿态，几乎男女老少人人喜好，历代诗人、画家以之为题材创作了大量艺术精品。在我们的生活中，各单位、家庭都喜欢用花卉来美化我们的环境。我们人类的美好生活，假如缺少了鲜花的点缀，不知要逊色多少！

3. 增加社会经济效益

花卉是一项重要产业，而且许多名花已成为重要的出口产品，为国家换取大量外汇。珠江三角洲和江浙、上海一带的许多村镇已建成了重要的花卉出口生产基地，花卉成为农民发家致富的重要财源。此外，许多花卉还是药品、香料、化学工业的重要原料，由花卉加工而成的产品越来越多了。

4. 提高农业专业种植技能

花卉栽培本身就是一门科学，人们通过它可以丰富科学知识、提高科技水平。各种花卉都有其生物学特性，因此要求人们创造适于它生长的温度、湿度、水质、土壤、肥料、光照等条件，并有效防治病虫害。要搞好花卉栽培，必须学习、研究生物学、土壤学、肥料学、植物生理学等学问，从而提高栽培水平。

（三）花卉种植的内容（以郁金香栽植为例）

种植是指将被移来的植株按要求栽种于新地的操作。郁金香常规地栽内容包括土壤的选择、整地、浇水施肥、作畦、定行距和株距、挖种植坑穴、栽植、覆土。

（四）花卉种植的过程

1. 整地作畦

选土层深厚、肥沃的沙性土壤，深耕整地，以腐熟牛粪及腐叶土等作基肥并施少量磷肥、钾肥；作畦栽植，作畦畦宽一般为沟深 30 厘米。

2. 备好种球

种球栽种前应进行消毒处理，可用高锰酸钾溶液或福尔马林溶液浸泡 30 分钟，晾干后种植。

3. 密度、播深、行距的确定

生产性种植的密度可以控制在 12×12 厘米或 13×12 厘米，栽植深度 10—12 厘米，株行距为鳞茎横径的 2—3 倍，覆土后加盖谷草。

（四）花卉种植的评价

花卉种植的劳动效果评价分为劳动态度评价、劳动过程评价、劳动结果评价。采用百分制，通过加权进行核算，劳动态度评价占30%，劳动过程评价占40%，劳动结果评价占30%。评价表见表5-4、表5-5、表5-6。

表5-4　劳动态度评价表

劳动项目：　　评价对象：　　评价人：　　评价日期：

评价项目	分值	学生自评	组内学生互评	教师评价	总评
参加劳动的目的	20				
参加劳动的次数	30				
对待劳动任务的责任意识	30				
劳动的大局意识	10				
劳动心得体会	10				

表5-5　劳动过程评价表

劳动项目：　　评价对象：　　评价人：　　评价日期：

评价项目	分值	学生自评	组内学生互评	教师评价	总评
能否服从安排	20				
团队意识与合作精神	20				
劳动过程中的情绪	20				
劳动行为表现	40				

表5-6　劳动结果评价表

劳动项目：　　评价对象：　　评价人：　　评价日期：

评价项目	分值	学生自评	组内学生互评	教师评价	总评
整地作畦	20				
种球消毒	10				
密度、行距	20				
播深	20				
出苗率	30				

三、植物修剪

（一）植物修剪的目的

（1）剪除植物器官的一部分，以调整植株的结构。

（2）更新枝类组成，提高产量。

（二）植物修剪劳动教育的价值

1. 促进效益最大化

通过不同时间节点、不同程度的修剪，达到均衡植株营养生长和生殖生长的关系，促进社会、经济和生态三大效益最大化，从而实现栽培生产的基本目的。

2. 巩固知识

植物修剪生产实习是重要的实践性教学环节，通过生产实习让学习者深入生产第一线，将所学的知识运用到实际生产上，加强动手能力，同时巩固所学知识。

3. 提高实践技能

在实践中思考，从实践中总结经验，应用、验证、巩固、充实所学理论，加强理论与实践的结合，从而全面提高发现问题、分析问题、解决问题的能力。

（三）植物修剪的内容

1. 修剪

剪去无用的枝条，包括类似于剪枝的各种作业，广义的修剪包含整形。具体指短截、疏剪、缩剪、抹芽、除萌、摘心、剪梢、疏折花穗、疏花疏果、修剪造型，增加通风透光和整体协调性，培养合理的枝干组合。

2. 整形

通过长放、拿枝、刻伤、环剥、扭梢、圈枝、别枝、树冠骨架的配置，使树冠形成一定形态的过程，或为造就一定树冠形态而采用的技术处理。整形的过程实际上是修剪技术实施的过程，目的是塑造高产、稳产、持久均衡的生长状态。

（四）植物修剪的过程

（1）找出存在的问题。仔细观察植物生长的形态，因树制宜，随势做型，采用适合的修剪手法，以保障枝条分布均匀，充分利用空间和光能。

（2）了解品种的生物学特性，看修剪后的反应。不同的植物品种，生活习性上会有一定的区别，应根据当地不同的光照条件、气候条件等进行修剪。

（3）指导教师示范操作。

（4）学生实践。学生随机组合，每组四人，一次修剪一棵整株或部分，期间大家互相配合，自由交流讨论，指导老师随行指导和给予帮助。

（5）总结分析。每次修剪结束后，指导教师对修剪结果进行认真细致地检查、分析、总结，寻找修剪过程中存在的问题和问题产生的原因，以便在以后的修剪中加以避免。提出改进的想法和措施，以培养学生的创新能力，为走向工作岗位奠定扎实的基础。

（6）劳动资料的收集与总结。

（四）植物修剪的评价

植物修剪的劳动效果评价分为劳动态度评价、劳动过程评价、劳动结果评价。采用百分制，通过加权进行核算，劳动态度评价占30%，劳动过程评价占40%，劳动结果评价占30%。评价表见表5-7、表5-8、表5-9。

表 5-7　劳动态度评价表

劳动项目：　　评价对象：　　评价人：　　评价日期：

评价项目	分值	学生自评	组内学生互评	教师评价	总评
参加劳动的目的	20				
参加劳动的次数	30				
对待劳动任务的责任意识	30				
劳动的大局意识	10				
劳动心得体会	10				

表 5-8　劳动过程评价表

劳动项目：　　评价对象：　　评价人：　　评价日期：

评价项目	分值	学生自评	组内学生互评	教师评价	总评
能否服从安排	20				
团队意识与合作精神	20				
劳动过程中的情绪	20				
劳动行为表现	40				

表 5-9　劳动结果评价

劳动项目：　　评价对象：　　评价人：　　评价日期：

评价项目	最高分值	学生自评	组内学生互评	教师评价	总评
植物形状	10				
修整方案	15				

续表

评价项目	分值	学生自评	组内学生互评	教师评价	总评
修剪程序	5				
修剪结构	20				
枝条处理	20				
操作规范	20				
劳动报告	10				

第六章 高等职业学校专业劳动教育

第一节 专业劳动教育概述

一、专业与专业劳动教育

（一）专业

专业是指依据行业职业体系划分，专门从事某种事业或研究某种学业。在我国高等职业学校里，根据行业科学分工或社会生产部门的职业需要把学业分成的门类称为专业。不同类别的高等职业学校设置不同的专业，不同专业为社会培养不同需求、不同岗位的专业人才。高等职业学校依据国家建设对行业职业的需求及学校性质设置多种专业，各专业均有独立的、完整的人才培养方案，来实现不同专业的培养目标及发展要求。

（二）专业劳动

专业劳动是指在生产实习中结合专业特点安排的对口劳动，它是实施教育与生产劳动相结合的实践教学形式。高等职业学校按照学校生产实习标准的要求，在学生教学实习的基础之上，组织学生到校外工场、企事业单位及相关专业部门开展专业劳动，以巩固学生在校学习的基本知识，提高学生的操作技能和岗位适应能力。

（三）专业劳动教育

劳动教育是以生产劳动为媒介而开展的旨在培育学生良好劳动价值观的教育活动。它是中国特色社会主义教育制度的重要内容，直接决定了社会主义建设者和接班人的劳动价值取向、劳动精神面貌和劳动技能水平。在进行劳动教育的活动中，不仅要让学生了解显性的形而下的劳动知识和劳动技能，并且要帮助学生树立正确而隐性的形而上的劳动价值观念。劳动教育是学生德智体美劳全面发展的主要内容之一，能够促进学生树立正确的劳动观点，形成良好的劳动态度，培养学生热爱劳动，尊重劳动人民，养成良好的劳动习惯。

专业劳动教育是在对学生实施劳动教育过程中结合专业特点，将专业劳动与劳动教育有效结合的劳动教育模式。在高速发展的现代社会，劳动工具现代化程度高，劳动设备技术含量高，专业劳动教育离不开专业技术指导，但是单一的专业技术指导是不完整的、不充分的专业劳动教育。专业劳动教育以专业技术作为重要载体，旨在培养学生的专业劳动情感、专业劳动能力和专业劳动品质。培育学生综合专业劳动素养才是最为重要的。

《大中小学劳动教育指导纲要（试行）》中明确指出，职业院校劳动教育必须结合专业技术特点，增强高等职业学校学生职业责任感与荣誉感，提高职业劳动综合技能水平，培养积极主动的劳动态度和坚忍不拔的劳动精神；明确规定职业院校需开设劳动专题教育必修课，不低于16学时，主要围绕劳动精神、劳模精神、工匠精神、劳动组织、劳动安全和劳动法规等方面设计；并且将劳动教育全面融合并贯穿于公共基础课与专业课的内容之中，注重培养高等学校学生吃苦耐劳、团结协作、细致严谨的工作态度和敬业精神。

二、专业劳动教育的价值

当代高等职业学校学生应敢于担当、不畏险阻、百折不挠，在劳动中不断学习，在锻炼中不断提升，在专业劳动中获得增长阅历、提升能力、坚定意志、熟悉技能、深知荣辱、懂得感恩的教育，在人格、思想、品质、信念等方面为自己的美好未来做充分的准备。因此，当代高等职业学校学生的专业劳动教育一定要以习近平同志的新时代中国特色社会主义思想为指导，准确把握育人导向，科学遵循教育规律，认真落实立德树人根本任务，不断提高专业技能、培养创新创业能力、树立工匠精神、培育爱国敬业职业素养，力求培养出真心实意为广大人民劳动，为党、为国家甘愿奉献的新青年。

（一）提高专业技能

高等职业学校培养目标就是为国家、为社会培养实践能力强、具有良好职业道德的高技能人才。高等职业教育要适应社会形势的发展，考虑国家发展的要求，培养的学生要在生产、管理、建设等方面有过硬的专业技能，要经得起考验。因此，提高专业技能教育是高等职业学校的首要任务。

在实际教育过程中，高等职业学校学生在学校接受的大多是专业理论方面的教育。

实验课上从实验中所得结论往往不实用；实训学时有限，学生个体得不到锻炼；实习时间相对集中，在毕业之前对专业知识不能够及时应用。而结合专业特点所开展的专业劳动教育将专业知识融进劳动技能，将理论知识转化为劳动力，实现知行合一，能够有效弥补上面几种实践方式的不足，提高学生专业技能，促进专业理论知识学习，促使学生成为合格的专业人才。

（二）培养创新创业能力

社会的文明进步离不开创新创业，学生的生存发展更离不开创新创业能力的培养。高等职业学校学生思维敏捷、视野开阔、知识全面，要树立以劳动为根基，与社会经济时代发展相适应，大力培养和提高创新创业能力。

创新是一个民族的灵魂，是一个国家发展的不竭动力，也是一个人应该拥有的素质。对于每一个致力于创业的人来讲，首先要有创新意识和创业能力，创新意识和创业能力是人们从事创业活动的原动力。除此之外，还要具有卓越的专业技能，一定的组织管理和协调能力以及很强的团队合作能力。这一切能力的培养仅仅依靠书本的教育是远远不够的，必须通过加强专业劳动教育，参加创业实践活动，让学生的发现问题能力、思维能力、变通能力、独立创新能力、制定方案能力及评价能力不断提升，自信心、进取心、责任心等内在因素不断加强，逐渐培养学生创新创业能力，转变心态观念，激发创业潜能，使学生始终保持一种奋发向上、拼搏进取的精神，为学生迈向社会、走向成功打下坚实的基础。

（三）树立工匠精神

工匠精神是一种职业精神，它是职业道德、职业能力、职业品质的体现，是从业者的一种职业价值取向和行为表现。它是一种在设计上追求独具匠心、质量上追求精益求精、技艺上追求尽善尽美、服务上追求用户至上的精神。它蕴含了耐心、专注、坚持、专业、敬业、严谨等多个元素。社会进步、国家发展离不开工匠精神。

工匠精神更多地体现在了社会实践活动及生产实习之中，开展工匠精神教育贯穿于高等职业学校教育的始终，尤其在专业劳动教育方面，更为凸显。通过专业劳动教育，学生在专业技能提高中体会工匠精神，在生产劳动中不断升华工匠精神。学生时代树立工匠精神，必将是国家及学生个人发展的一笔无穷的财富。

（四）培育爱岗敬业的职业素养

人类创造历史，劳动开启未来。劳动是中国人民群众的本色，习近平总书记指出：“我们的根扎在劳动人民之中。在我们社会主义国家，一切劳动，无论是体力劳动还是脑力劳动，都值得尊重和鼓励。”社会的发展，国家的建设离不开劳动者，各行各业的劳动者都是令人尊敬的。

专业劳动教育为高等职业学校学生参与社会劳动、培育职业素养提供条件和机会。专业劳动教育有助于培养学生拼搏、奋进、诚信、付出的劳动精神，促进学生建立职业理想，提升职业态度、职业责任感及职业技能，遵守职业纪律和职业良心，自觉维护职业信誉，形成良好职业作风，养成爱岗敬业的职业素养。同时帮助他们树立为社会服务、为他人服务的服务意识和奉献精神，激励他们为实现人生价值而不懈努力奋斗，为祖国建设奉献终身。

三、专业劳动教育的内容

高等职业学校开展专业劳动教育需要学校教务及相关部门根据学校专业设置安排专业劳动教育内容，统一制定专业劳动教学方案，制定课程表，指派专业劳动教师，安排专业劳动单位及场所，组织开展专业劳动教育。另外，还需要学生管理部门、班主任等参与到学生专业劳动教育的管理当中，以保障学校顺利开展专业劳动教育，达到专业劳动教育目的。

（一）专业性社会实践

广义的社会实践是指人类认识世界、改造世界的各种活动的总和。即人类通过从事各种活动，来更好地享受世界、利用世界及改造世界，同时也能锻炼和提升人类自己。

狭义的社会实践即是专业性社会实践。专业性社会实践是高等职业学校专业人才培养的重要环节，作为教育教学的核心内容列入正规的学校教学计划之中，实践过程中学校委派专业教师对学生进行指导、考核与监督。学生主要是利用寒假、暑假，或者在校学习的最后一年，将社会实践与所学专业相结合，到专业对口的现场直接参与生产过程。生产过程中高职学生必须完全履行其岗位的所有职责，综合运用在校期间本专业所学的知识及技能来完成一定的生产任务。学生通过专业性社会实践，加深感性认识，提高操作技能，学习企业管理，养成正确劳动态度，提升实践能力、创造能力及职业能力。因此，高等职业学校各专业都会安排相应的专业性社会实践活动，如汽车保养、会计服务等。

（二）专业性公益活动

公益活动的内容包括社区服务、环境保护、知识传播、公共福利、帮助他人、社会援助、社会治安、紧急援助、青年服务、慈善、社团活动、专业服务、文化艺术活动、国际合作，等等。

专业性公益活动是学生在校期间，结合学生所学专业不定期开展的公益活动。通过此项活动，学生传递了爱心，增强了服务意识、服务能力，加深了对所学专业的了解，提高了专业技能。此项活动还有助于促使公益活动科学化、规范化、专业化，使公益活动进一步服务社会，化解社会矛盾，促进社会和谐。因此，某些高职学校会结合院校专业安排相应的专业性公益活动，例如护理专业的敬老院服务活动、舞蹈专业的义务演出等。

（三）实习实训活动

实习实训活动是指学生在校期间，通过集中时间的、完整的专业项目学习和操作，以多种方式如参观、实践等来锻炼和提高综合专业素质和技能。学生在实训过程中，认识和了解与专业相关的生产过程，初步掌握专业在实际中的应用，学会理论联系实际，培养理论联系实际的意识和能力；锻炼动手实践能力和发现问题、分析问题、解决问题的能力，培养专业素质，并为以后专业实习打下良好的基础。例如宠物护理与美容、汽车保养、计算机的组装等。

第二节 高等职业学校专业劳动的特点及影响因素

一、高等职业学校专业劳动的特点

（一）专业性

高等职业学校必须把专业性技术教育作为重点，把培养高素质技能型专业人才作为根本任务。在课程设置上，围绕专业综合技能，合理安排专业技术、技能课程，保证其占比不低于总课程的30%—40%。鼓励创造各种条件由课堂教育转变为现场教学，由理论教学转变为专业劳动教育，让学生尽量近距离感受真实的岗位工作环境，使学生的实践能力和应用技能得到不断的提升。专业性劳动教育开展的好坏直接影响学生的就业率，学生就业率越高，就业从事岗位与所学专业越契合，薪资报酬就会越高，说明专业性劳动教育越适合社会、市场发展的需求，越符合高等职业学校培养高素质技能型专业人才的要求。

（二）职业性

将职业性与专业劳动教育相结合，以产业发展要求为目标、以职业岗位技术要求为主线培养学生职业性，使之成为适应社会企业生产、管理、建设，具备职业岗位技术技能，能够积极投身一线服务行业的职业性人才。在专业设置上，学校要考虑地方区域产业发展要求，要以职业岗位作为高等学校专业设置的重要依据。在进行专业劳动教育过程中，专业设置越符合职业需求，学生从事工作岗位的社会认可度越高，学生的工作技能、实践能力越强，说明高职学校对学生开展的专业劳动教育越成功。因此高职学校要实现专业劳动教育与职业性有机结合，合理制定学校人才培养方案，不断提高专业劳动职业性，多渠道满足学生就业。

（三）创新创业性

创新创业性是助力社会进步、推动产业发展的根本动力，把创新创业精神融入专业劳动教育之中，是有力促进学生成才的重要渠道。高职学校在专业设置上也要充分考虑到创新创业性，只有在专业劳动教育中重视创新创业性，专业劳动教育才能真正体现出它的价值，才能最大程度上调动学生的能动性，提高学生发现问题、解决问题的能力，培养其勇于探索、顽强自信、乐于奉献的精神，在专业劳动教育中不断实践创新创业，为将来社会的进步和发展做出高职生的贡献。

二、高等职业学校专业劳动教育的影响因素

（一）专业的一致性

通过专业劳动，不断结合学科专业，做到实践与专业一致。专业劳动与所学专业保持一致，更能调动学生劳动与学习的积极性，激发学生学习兴趣，提高学生的专业意识。在专业劳动过程中，学生运用学到的专业知识来为企业生产和社会发展贡献力量。在此过程中，学生的事务处理能力、动手科研能力、实践动手能力、创新创业能力等不断提升。综合能力的提升促使学生产生成就感与自豪感，他们更加喜爱自己的学科专业，进而对专业学习产生积极心理，自信应对专业学习所带来的各种困难。因此，专业的一致性成为学生开展劳动教育的最基础条件。

（二）专业理论基础

通过专业劳动，不断夯实专业理论基础。专业理论基础是劳动生产经验的总结提炼，是生成于书本上的技术精华。在投入生产实践之前，一定的理论基础，不仅为学生从事劳动提供理论依据，而且也为学生从事生产提供技术指导。一定理论知识的储备能够为学生的技术技能快速成长提供保障，因此，专业理论基础成为学生开展劳动教育的基石。

（三）专业技术能力

通过专业劳动，不断提高专业技术能力。不同的专业学习，为学生劳动提供了不同的生产操作标准，指导学生在劳动教育中规范操作、精准生产，这也是高等职业学校专业教育必须让学生掌握的。在高等职业学校开展的专业劳动，其不同于一般的生产、生活或服务型劳动，它蕴含着专业技术、技能和市场需求。学校通过产教融合、

校企合作，加强与当地企事业单位紧密联系，完成无缝对接，为学生创造劳动实践机会，让学生巩固课本知识，提高实践劳动能力，培养学生成为本专业的高等技术型人才。因此，专业技术能力为学生开展劳动教育提供操作标准和技术准则。

（四）个体职业素养

通过专业劳动，学生不断加强专业学习，既加深了对专业的了解，又能增强对专业相关职业的认识。学生在专业劳动中逐渐深化对劳动观、幸福观、人生观、价值观、世界观的理解，学会尊重劳动、崇尚劳动、热爱劳动，"劳动最光荣"的思想不断加强，动手能力不断提高，不仅提高了劳动素养，而且指导高职学生对将来从事职业进行规划，个体职业素养就会不断提升。因此，个体职业素养为促进学生开展劳动教育提供思想与认识的保障。

第三节 高等职业学校学生专业劳动教育

一、敬老院志愿服务

高等职业学校的护理专业旨在帮助患者恢复健康，帮助健康的人促进健康。在逐渐步入老龄社会的当下，护理专业的毕业生就业空间非常广阔，对他们进行专业劳动教育就越发显得重要。敬老院志愿服务是护理专业学生进行专业劳动教育的有效形式。

（一）敬老院志愿服务目的

（1）弘扬中华民族尊老敬老优良传统，展现学生对孤寡老人的人文关怀。

（2）普及健康和医学知识，提高老人日常自护水平。

（3）锻炼学生操作水平，提升学生职业素养。

（二）敬老院志愿服务的价值

（1）通过志愿服务劳动教育，巩固专业知识，熟练掌握相关测量仪器的使用，提高护理专业的操作技能。

（2）通过志愿服务劳动教育，加深学生对合作意识、团队精神、集体荣誉感的理解，升华学生的职业精神。

（3）通过志愿服务劳动教育，让敬老院的老年人身体上得到健康，心理上获得慰藉。

（4）通过志愿服务活动的举行，对学生开展一次很好的思想政治教育，是正能量的传递，更是很好的专业劳动教育。

（三）敬老院志愿服务的内容

1. 敬老院群体特征

居住在敬老院的老年人大多数心理是脆弱的，生活需要照料，有的身患疾病需要医护人员长期的、专业的护理。

2. 敬老院群体常见病

由于衰老和身体机能的退化，老年人往往会患上老年病，常见的有高血压、心脏病、糖尿病、脑血管系统疾病、慢性呼吸道疾病等。

3. 敬老院志愿服务内容

倾听敬老院老人畅谈，心理安抚；为敬老院老人测血糖、量血压；为敬老院老人开展日常护理知识讲座；力所能及地帮助敬老院搞好其他服务。

（四）敬老院志愿服务的劳动过程

1. 对敬老院老人的慰问

学生做一名耐心的倾听者，与老人促膝而谈，拉近距离，让老人感受到温暖。

2. 开展志愿服务活动

将老人分组依次进行血糖测定、血压测量，慰问活动中要积极认真、态度和蔼、动作轻柔，按专业操作规范进行每一个项目。

3. 健康知识讲座

就老年人常见病的预防和治疗、用药注意事项、日常饮食调配以及适合老年人的运动方式等做一个知识讲座。

4. 搞好敬老院卫生

与敬老院管理层沟通，合理分组，划分任务，按时保质完成卫生清理工作。

（五）敬老院慰问的劳动效果评价

敬老院慰问的劳动效果评价分为劳动态度评价、劳动过程评价、劳动结果评价。采用百分制，通过加权进行核算，劳动态度评价占 30%，劳动过程评价占 40%，劳动结果评价占 30%。评价表见表 6-1、表 6-2、表 6-3。

表 6-1　劳动态度评价表

劳动项目：　　评价对象：　　评价人：　　评价日期：

评价项目	分值	学生自评	组内学生互评	教师评价	总评
参加劳动的目的	20				
参加劳动的次数	30				

续表

评价项目	分值	学生自评	组内学生互评	教师评价	总评
对待劳动任务的责任意识	30				
劳动的大局意识	10				
劳动心得体会	10				

表 6-2　劳动过程评价表

劳动项目：　　　评价对象：　　　评价人：　　　评价日期：

评价项目	分值	学生自评	组内学生互评	教师评价	总评
能否服从安排	20				
团队意识与合作精神	20				
劳动过程中的情绪	20				
劳动行为表现	40				

表 6-3　劳动结果评价表

劳动项目：　　　评价对象：　　　评价人：　　　评价日期：

评价项目	分值	学生自评	组内学生互评	教师评价	总评
仪表端庄，服装整洁	20				
仪器使用动作操作规范化	20				
操作谨慎，动作轻柔	20				
记录准确，对标合理	20				
体现人文关怀	20				

二、汽车保养

随着我国汽车的需求量和销售量不断增长，对高素质、高技能的专业汽修人员需求也不断增加。目前国内专业的汽修人才的缺口很大，尤其是既具备汽车理论专业知识，又熟练掌握汽车维护中的各种技能操作的多能型技师。在此背景下，我国部分高等学校相继开设了汽车维修与保养、汽车保养、汽车检测与维修技术等专业，这些专业逐渐受到广大青年的青睐，已成为高职学校的热门专业。汽车保养是汽车维修与保养专业、汽车保养专业、汽车检测与维修技术专业的核心课程，也是这些专业学生必须掌握的一项基本技能。

（一）概念与类型

汽车保养是指利用工具按一定技术要求定期对汽车相关部分进行检查、清洁、补给、润滑、调整或更换某些零件的预防性工作，又称为汽车维护，是汽车检测与维修技术、汽车维修与养护等专业的一项基本操作技能。现代的汽车保养主要包含了对发动机系统（引擎）、变速箱系统、空调系统、冷却系统、燃油系统、动力转向系统等的保养范围。

汽车保养的目的是保持汽车车容整洁、技术状况正常；消除隐患，预防故障发生；减缓劣化过程，延长使用周期。常见的有小保养和大保养。小保养一般是指汽车行驶一定距离后，为保障车辆性能而在厂商规定的时间或里程做的常规保养，项目主要包括更换机油和机油滤芯。大保养是指在厂商规定的时间或里程，进行更换机油和机油滤芯、空气滤芯、汽油滤芯的常规保养项目。

（二）汽车保养的劳动价值

汽车保养不仅是汽车维修专业高职生必须掌握的一项基本技能，同时也是汽车维修专业学生走向社会、走向工厂、走向车间的知行合一的真正劳动实践过程。

汽车保养这一专业劳动实践，可帮助学生们正确地理解“劳动创造了人本身”这一哲学命题，使学生们树立正确的马克思主义劳动观，达到了解世界、认识自我、认知劳动。

汽车保养这一专业劳动实践，可帮助学生们理清专业学习思路，坚定专业知识的学习信念，激发专业学习热情，掌握专业劳动方法，加深对汽车专业在国民经济中所处地位和作用的认识，树立劳动最光荣、劳动最崇高、劳动最伟大、劳动最美丽的观念。通过现场维修实习和企业员工的交流指导，理论联系实际，把所学的理论知识加以印证、深化、巩固和充实，培养分析、解决工程实际问题的能力，为后继专业知识的学习和毕业设计打下坚实的基础。通过与客户之间的交流，培养学生们与人沟通的能力。

汽车保养这一专业劳动实践，可帮助学生们养成踏实、勤奋、严谨的劳动品质，使他们可以在劳动实践中成长、成才。作为进入社会前的最后一站，大学的劳动教育可以帮助青年学生正本清源，思考如何才能紧跟时代、夯实基础、服务社会，真正成为社会主义事业的建设者和接班人。

（三）汽车保养过程

以检查更换机油和机油滤清器、常规检查为例。

汽车保养对汽车而言是很重要的，可以保证车辆处于良好的性能状态；有效提高车辆的效率，降低油耗及其零件和轮胎的消耗；增加行车安全，避免行车途中突然发生问题；避免车辆发生小毛病不断的现象，使得车辆整车性能提升；减少噪音和环境污染；保持车辆外观整洁，防止不应有的损伤，主动查询隐患并及时排除。

通过完成检查，更换机油、机油滤清器和汽油滤清器，使学生了解发动机润滑系统的组成与功用，润滑油的种类与选用鉴别润滑油的等级和加注方法，如何检查发动机内所剩润滑油品，认知机油滤清器和燃油滤清器的安装位置，掌握轿车润滑油的检查和更换方法，满足汽车保养、技师岗位的基本要求。

1. 汽车一般常规检查项目及过程

（1）清洁汽车外表，检查门窗玻璃、刮水器、室内镜、后视镜、门锁与升降器手摇柄是否齐全有效。

（2）检查散热器的水量、曲轴箱内的机油量、油箱内的燃油储量、蓄电池内的电解液液面高度是否符合要求。

（3）检查喇叭、灯光是否齐全、有效，安装是否牢固。

（4）检查转向机构各连接部位是否松旷，安装是否牢固。

（5）检查轮胎气压是否充足，并清除胎间及胎纹间杂物。

（6）检查转向盘的游动间隙是否符合标准；轮毂轴承、转向节主销是否松动。

（7）检查离合器和制动踏板的自由行程是否符合规定。

（8）检查轮胎螺母、半轴螺栓、钢板弹簧骑马螺栓和 U 形螺栓是否牢固可靠。

（9）起动发动机后，察看仪表工作是否正常，倾听发动机有无异响。

（10）检查车辆有无漏水、漏油、漏气、漏电等“四漏”现象。检查拖挂装置工作是否可靠。

2. 机油保养与更换

机油的作用主要是对发动机进行润滑、冷却、密封、清洁、防锈、防腐……若没有机油，汽车的心脏就不能正常运转。使用矿物油，一般 5000 公里换一次机油 .

汽车换机油的步骤：

（1）根据车型正确选用润滑油的质量级别和黏度级。

（2）选用正规厂家生产的高质量机油滤芯，防止因滤芯质量问题造成的油路阻塞、压力不足或过滤效果差而影响润滑效果。

（3）换油时，要在发动机处于正常工作温度时关闭发动机，拧开加油口盖，拆下放油螺丝放出旧油，用专用工具拧下旧滤清器。有条件时应对发动机进行清洗以便彻底清洗掉发动机内的油泥和胶质。

（4）更换新滤芯时要检查滤芯密封圈是否完好，如发现有变形、破损等要及时更换。装配滤芯时应将滤芯内灌满干净润滑油，并将密封圈上涂抹润滑油，以防止在安装时造成损坏。

（5）机油滤芯装好后，拧紧放油螺丝，按要求往发动机曲轴箱内加注一定量的新润滑油，油尺、油面应在上下刻线之间，装好油尺、拧紧加油口盖，启动发动机快速转动几分钟，检查油压是否正常、有无漏油现象，如有异常应及时停机检查排除。

（6）清除仪表盘上的保养提示信息。机油切不可加得过多或过少，过多会造成润滑油消耗过快，发动机运转阻力增加，燃油消耗增加。过少会造成油压太低、润滑不良等后果。

3. 机油滤清器检查

（1）检查滤芯的使用情况：检查滤芯是否有脏污，检查滤纸是否有变形、褶皱或破损等情况。

（2）检查机油滤是否有破损或渗漏情况：检查机油滤表面是否有变形破裂情况，检查机油滤安装螺纹处是否有缝隙产生，检查机油滤密封胶圈是否破损。

4. 汽油滤清器检查

（1）首先要准备适合原车型号的汽油滤清器，辅助工具等。

（2）更换燃油滤清器时最好选在早晨（处于冷车状态下）进行比较好，因为此时燃油系统中油压小，拆卸滤清器时流出来的汽油较少。或者更换前直接通过发动燃油轨道处对燃油系统泄压。

（3）先要找到车辆汽油滤清器位置，之后就要将汽油滤清器从安装支架上拔下来。将接油杯放在油管下方，并用钳子拆掉原来两边的一次性管箍。

（4）将燃油滤清器的进油口处的管子拔下，这时管内的燃油会溢出来，将里面的油引入杯子中。当流量小后，要套上管箍并尽快把新滤清器的进油口接上，另一端接口暂时堵上，同时旧滤清器的进油口也要堵上。

（5）将旧滤清器的另一端拔下，接入新滤清器上。并用螺丝刀拧紧管箍，防止漏洞，再把换好的燃油滤清器安装回原位。

（6）启动汽车并怠速一段时间，看燃油滤清器接口部位有没有漏洞等现象，若没有则表明安装良好，就可以上路行驶了。

若发现滤清器软管出现由泥尘、机油等污垢造成的老化或裂痕时，应及时更换该软管，以保证我们的行车安全。大部分中档轿车的汽油滤清器是和汽油泵集成在一起的，因此，更换汽油滤时第一步是要找到车辆汽油泵的安装位置，拆卸汽油泵后再更换汽油滤，一般此类车型的汽油滤更换周期较长，大约 6 万公里才更换。

（四）汽车保养的评价

汽车保养的劳动效果评价分为劳动态度评价、劳动过程评价、劳动结果评价。采用百分制，通过加权进行核算，劳动态度评价占 30%，劳动过程评价占 40%，劳动结果评价占 30%。评价表见表 6-4、表 6-5、表 6-6。

表 6-4　劳动态度评价表

劳动项目：　　评价对象：　　评价人：　　评价日期：

评价项目	最高分值	学生自评	组内学生互评	教师评价	总评
参加劳动的目的	20				
参加劳动的次数	30				
对待劳动任务的责任意识	30				
劳动的大局意识	10				
劳动心得体会	10				

表 6-5　劳动过程评价表

劳动项目：　　评价对象：　　评价人：　　评价日期：

评价项目	最高分值	学生自评	组内学生互评	教师评价	总评
能否服从安排	20				
团队意识与合作精神	20				
劳动过程中的情绪	20				
劳动行为表现	40				

表 6-6　劳动结果评价表

劳动项目：　　评价对象：　　评价人：　　评价日期：

评价项目	最高分值	学生自评	组内学生互评	教师评价	总评
接待流程正确	10				
零部件拆卸、安装方法得当	20				
保养操作流程正确，操作安全规范	30				
工作质量、业绩较高	20				
及时排除故障	20				

三、宠物护理与美容

人们对宠物的欣赏水平、生活待遇、造型等方面越来越高的要求，推动了宠物行业的发展。宠物的主人越来越希望能为他们的宠物提供专门的、技术性的美容和日常护理，这就给未来宠物美容行业发展提供了无限的机遇和巨大潜力。宠物美容师作为一个新兴职业，从业人员数量、宠物美容机构规模、服务性收入和消费人群数量等各项指标均朝好的方向发展。鉴于这种情况，我国许多高等职业学校开设了宠物美容与护理、宠物养护与驯导等专业，畜牧兽医专业也开设宠物美容与护理课程，为宠物医院、宠物美容机构等行业培养具有宠物美容与护理方面技能的专业人才。

（一）概念与类型

宠物护理与美容是指使用工具及辅助设备，对各类宠物（可家养的动物）进行毛发、羽毛、指爪等清洗、修剪、造型、染色，使其外观得到美化和保护，变得更健康和时尚，同时辅助纠正宠物不良行为。

宠物护理与美容按照动物的种类可以分为犬的美容与护理、猫的美容与护理、其他宠物美容与护理等，以犬的美容最为常见。犬的美容又可以按动物品种分为博美犬美容、贵宾犬美容、雪纳瑞犬美容、约克夏犬美容等。宠物的护理根据动物不同生理时期可分为幼龄宠物护理、妊娠宠物护理、产后宠物护理、老龄宠物护理等。

宠物美容看似是一门技术活儿，实则是艺术学和生理学的结合，不仅需要具备艺术审美能力，更要懂得宠物的护理、宠物的生理结构、宠物的生活习性等专业知识。宠物美容师一般有四种从业方式：一是可以在宠物店工作，成为一名优秀的宠物美容师。二是可以做宠物美容培训师，成为指导老师。三是赛场犬舍美容师，在比赛犬繁殖基地做美容师，进行赛级犬的护理及比赛美容。四是自主创业。

（二）宠物护理与美容的劳动价值

宠物护理与美容是高职学校畜牧兽医专业的必修课程之一，是宠物养护方向的专业核心技能，也是畜牧兽医专业一个可以获得国家教育部规定的“1+X”技能证书的技能。从业人员必须根据宠物主人的需要为宠物进行健康护理和美容造型。不同的需求决定不同工作过程，不同的工作过程又决定了实施方法与步骤，将这些复杂的工作过程分解为若干个组成部分，每个组成部分类似于一个简单的护理或美容操作，认真做好每一个操作，会为今后从事此工作打下良好的基础。

在学习过程中完成宠物护理、美容的全部工作过程，充分体验真实的工作情境，真实动手实践洗澡、梳毛、皮肤护理、耳道清洁、剪趾甲、吹风等劳动过程，增加爱护动物、热爱劳动的热情，从而确立只有通过自己的劳动和专业技能，才能使自己形成优秀的人格、品质、意志，形成坚定的符合社会主义核心价值观的思想和精神面貌。培养学生身体力行、踏实奋进的劳动品质和以崭新的劳动精神面貌、劳动价值取向和劳动技能水平向新时代献礼的价值追求。

（三）宠物护理与美容过程

以贵宾犬一般美容过程为例。

按照犬主人的要求，结合犬的生活习性、形体、毛发等特征，制定护理与美容方案。贵宾犬的一般美容步骤基本包括梳理、剃毛、清洗、吹风等。

1. 贵宾犬的毛发梳理

先把犬放在美容台上固定好，然后用专用梳子从犬的背中央朝腹部方向慢慢地往下刷，然后依次是腹部、前脚内外侧、头部，尾部。

2. 贵宾犬的剃毛造型

剃嘴部毛的时候要右手持剪刀，左手握住狗嘴，然后从眉尖到鼻尖、眼角、颈部、脸颊、耳根、下巴的方向剃。四只脚的毛毛应该修到脚垫的根部，剃脚底毛的时候用拇指和食指把脚掌分开，将其间的杂毛剃除。背部身体和周围、腹部的毛都要剃短，而尾部到肛门的区域则用“V”字剪法剃短 2—3 厘米。

3. 贵宾犬修剪趾甲

修剪趾甲可以阻止趾甲伤害肉球，防止趾甲伤害到家具和地板。可以使用剪刀式趾甲剪、断头台式趾甲剪。

4. 贵宾犬的清洗

清洗之前先进行耳部和趾甲的清洗，然后用长条状棉球把耳朵堵好，防止进水。挤出少许的宠物乳液然后用水稀释，用拇指和食指轻挤肛门腺。用稀释的浴液涂抹贵宾犬的头部到全身，然后沿着头部向背部、腹部和四肢的方向轻轻揉搓。揉搓之后用水清洗一下，然后打上护发素，再彻底用水冲洗干净。

5. 贵宾犬的吹风

先把贵宾犬身上的水分擦干，然后用吹风机从头部开始把剩余的水分吹干。记得要一边吹一边用毛刷，直到毛根部完全吹干。吹干之后再用梳子把全身的毛发重新梳理一遍。

（四）宠物护理与美容评价

宠物护理的劳动效果评价分为劳动态度评价、劳动过程评价、劳动结果评价。采用百分制，通过加权进行核算，劳动态度评价占 30％，劳动过程评价占 40％，劳动结果评价占 30％。评价表见表 6-7、表 6-8、表 6-9。

表 6-7 劳动态度评价表

劳动项目： 评价对象： 评价人： 评价日期：

评价项目	最高分值	学生自评	组内学生互评	教师评价	总评
参加劳动的目的	20				
参加劳动的次数	30				
对待劳动任务的责任意识	30				
劳动的大局意识	10				
劳动心得体会	10				

表 6-8 劳动过程评价表

劳动项目： 评价对象： 评价人： 评价日期：

评价项目	最高分值	学生自评	组内学生互评	教师评价	总评
能否服从安排	20				
团队意识与合作精神	20				
劳动过程中的情绪	20				
劳动行为表现	40				

表 6-9 劳动结果评价表

劳动项目： 评价对象： 评价人： 评价日期：

评价项目	最高分值	学生自评	组内学生互评	教师评价	总评
熟知犬的解剖结构、主要部位名称	10				
认识并选择正确的工具	20				
美容工具使用正确	30				
操作规范，步骤娴熟	30				
整体造型优美，客户满意	10				

参考文献

[1] 赵章彬．劳动教育之劳动概念的特定内涵及其实践向度建构——以高等学校劳动教育为视角 [J]．北京教育，2020（7）.

[2] 马克思恩格斯文集（第1卷）[M]．北京：人民出版社，2009.

[3] 教育部．大中小学劳动教育指导纲要（试行）：2020．07.

[4] 刘顿．劳动教育的历史经验及启示 [N]．中国社会科学报，2020-12-22（09）.

[5] 檀传宝．劳动教育的概念理解——如何认识劳动教育概念的基本内涵与基本特征 [J]．中国教育学刊，2019（2）.

[6] 孟庆东．论新时代高等学校劳动教育体系构建 [J]．教育与职业，2020（19）.

[7] 董蕴琦．中国再就业工程指南 [M]．北京：中国人事出版社，1998.

[8] 顾明远．教育大辞典 [M]．上海：上海教育出版社，1998.

[9] 中共中央、国务院．关于全面加强新时代大中小学劳动教育的意见，2020．03.

[10] 曾天山，顾建军．劳动教育论 [M]．北京：教育科学出版社，2020.

[11] 金正连．劳动教育与素质养成 [M]．北京：中国人民大学出版社，2020.

[12] 教育部职业院校文化素质教育指导委员会．职业院校在实习实训教学中强化劳动教育的实施办法，2020．05.

[13] 陆学艺．当代中国十大阶层 [M]．北京：社会科学文献出版社，2002.

[14] 曹凤月．浅谈新时代劳动教育的社会文化意义 [N]．工人日报，2019-08-13（07）.

[15] 威廉·配第．赋税论 [M]．北京：华夏出版社，2006.

[16] 亚当·斯密．国富论 [M]．南京：译林出版社，2011.

[17] 马克思．资本论 [M]．上海：上海三联书店，2009.

[18] 马克思．剩余价值理论 [M]．北京：人民日报出版社，2010.

[19] 沈琴琴．劳动经济学 [M]．北京：中国人民大学出版社，2017.

[20] 滕双春，刘明．劳动法与社会保障法实务 [M]．长沙：湖南师范大学出版社，2020.

[21] 王克婴．中国文化传统、社会变迁与人的全面发展 [M]．天津：天津人民出版社，2007.

[22] 吴忠观. 人口科学辞典 [M]. 成都：西南财经大学出版社，1997.
[23] 刘桂林. 论中国近代职业教育思想 [J]. 华东师范大学学报，1996 (4).
[24] 林乙烽. 我国近代职业教育初探 [J]. 扬州师范学报，1984 (2).
[25] 何应林，宋兴川. 我国当代职业教育思想初探 [J]. 河南职业技术师范学院学报(职业教育版)，2005 (2).
[26] 贾燕燕. 德国“双元制”教学模式本土化的探索 [J]. 科教论坛. 2019 (4).
[27] 康凤辉. 高等学校劳动教育现状及对策探究 [J]. 智富时代. 2019 (12).
[28] 李武林. 高等学校劳动教育体系的构建研究 [J]. 智库时代，2019 (31).
[29] 王振鹏，曹志国. 中职学生健康教育导论 [M]. 北京：中国农业大学出版社，2020.
[30] 龚敏. 组织行为学 [M]. 上海：上海财经大学出版社，2002.
[31] 蒋碧昆. 宪法学 [M]. 北京：中国政法大学出版社，2002.
[32] 徐国庆. 劳动教育 [M]. 北京：高等教育出版社，2020.